JN014887

税理士のための

第4版

# 中小企業の補助金申請支援マニュアル

採択率を上げる申請書・
事業計画の作成支援から
アフターフォローまで

銀座スフィア税理士法人
**水谷 翠**
公認会計士・税理士

第一法規

## はじめに ～第4版の刊行にあたって～

　本書は、税理士の方々がクライアントの補助金申請を支援される際に参考としていただくことを想定して、補助金支援業務全般について解説するものです。2017年4月に本書初版を出版後、補助金に興味をお持ちだった税理士の方々、認定支援機関の方々、また実際に補助金を申請される方々から多くのご支持をいただき、おかげさまで第4版制作の運びとなりました。第4版では、「事業再構築補助金」「ものづくり補助金」の最新情報及び「ものづくり補助金」の新たな採択事例をご紹介しています。

　本書の第一の特徴は、補助金の申請書作成について、徹底的に採択にこだわった解説を行っている点です。「D　申請書」において、採択される仕組みと具体的事例を分析しながら、より採択されやすい申請書を作成するためのポイントをご紹介しています。現に申請書作成の案件に取り組まれている方には、「D　申請書」から読まれることをおすすめします。

　第二の特徴は、申請書作成前後を含め補助金に関する支援業務全般についての解説を行っている点です。認定支援機関制度ができ、また、多くの中小企業向け補助金が次々に公募される現在、補助金の申請支援は税理士にとって取り組むべき新しい業務になり得るものだと考えます。そこで、申請書作成支援にとどまらず補助金の提案から申請後のアフターフォローまで、税理士としてどのような取組みができ得るのかについて、筆者の補助金支援経験等を踏まえて検討しています。

　最近の補助金制度の動向にご興味のある方、これから補助金支援業務に取り組まれることを検討されている方には、「A　制度を知る」から順に読んでいただければ幸いです。

## 補助金支援業務に取り組むことになったきっかけ

　かつて創業者に人気だった「創業補助金」は、2012年度（平成24年度）補正予算からスタートしました。この時の創業補助金東京都事務局は大手広告代理店が受託していましたが、ご縁があって、筆者はそこで唯一の専門家スタッフとして手伝うことになりました。創業補助金の初年度であったことに加え、当時の創業補助金は応募にあたって認定支援機関や金融機関の確認印等が要件だったこともあり、事務局には公募開始から多方面から多くの問合せが寄せられ、その対応にあたることが主な業務でした。そこでは毎日、補助金の募集要項やその他の公表情報のほか、関連する法律や内部の運用指針等を読み込み、また、実際に多くの申請と向かい合い、補助金の仕組みと申請の現場について理解を深めることとなりました。事務局は審査を行う機関ではありませんが、多く

の申請書を取り扱い、それがどのように採択・不採択されていくのかを目の当たりにしていく中で、採択される申請書の傾向とは？　そもそも補助金制度に合った事業モデルとは？　等々新たな視点を持つようになっていきました。

　当時、認定支援機関として認定される税理士も徐々に増え、補助金の申請支援や確認書の作成といった補助金支援業務が少しずつ脚光を浴びるようになっていました。補助金事務局に在籍していた筆者は、申請者のみならず税理士等からも補助金について質問される機会が多くなりました。そこで補助金事務局を辞めた後、実際に自分自身も認定支援機関となって補助金支援業務に取り組むとともに、補助金申請者やその支援を行う方々に対して補助金関連情報の発信を行うようになりました。


## 見えてきた補助金支援ニーズ

　会計事務所として補助金支援業務を行うか否かはそれぞれの事務所の経営判断によります。補助金支援業務の費用対効果、あるいは事務所のリソースやスキル、今後のサービス展開方針等を総合的に勘案していただくことになるかと思います。

　ところで、そんな会計事務所の思いとは関係なく、世間では認定支援機関たる会計事務所の積極的な補助金支援が期待されていることも感じています。

　多種多様な中小企業向け補助金が出てきた昨今、中小企業の経営者にとって補助金は関心の高いテーマです。実際に補助金を活用してみようと思ったとき、経営者は誰に相談するでしょうか？　会社に関するお金のことですので、まずは顧問税理士に相談するという方が多いのではないでしょうか。顧問税理士が認定支援機関であるならば、なおさらのことと思います。しかし現実には会計事務所では対応しきれておらず、その結果として、補助金専門業者が活躍しているという現状があります。

　また、顧問税理士が補助金の支援を引き受けることには、別の大きな意義もあると考えます。それは、国や地方自治体の財源たる補助金を適材適所に行きわたらせる役割を担っているということです。顧問税理士は、クライアントと日頃接する中で近い将来の投資等の事業計画を聞いていますので、より適時に的確な補助金情報を提供できることでしょう。このことは、クライアントのメリットになるばかりでなく、補助金制度の適切なあり方を支えることになると思います。優れた政策をつくるのは政治家であり、その実行性を担保する役割の一翼を担うのが我々税理士なのです。

## 補助金支援業務の魅力と可能性

　補助金支援業務に取り組む最大の魅力は、クライアントの夢を応援できるということだと思います。普段の業務の中ではあまり触れることのない将来の夢について、クライアントと真正面から話し合い、その実現のために行う補助金支援業務からは、大きなやりがいを感じることができます。

　もちろん成功報酬を得ることも大きな魅力です。申告業務や記帳業務のみでは将来的に生き残れないのではないかということは、多くの会計事務所が抱える懸念ですが、その具体的な解決策として、補助金支援ニーズを捉えた補助金支援業務の展開は一考に値するのではないでしょうか。

　さらに、補助金支援業務を通じて事業計画の策定支援の練度を高めていくことで、例えば資金調達や創業等の相談といった幅広い業務対応が可能になっていき、延いてはコンサルティング力を強みとした会計事務所に成長していく可能性が広がることと思います。

　最後になりましたが、本書の中では、筆者が関与して実際に採択された「ものづくり補助金」の申請書の実例を分析しています。実物の申請書のご紹介はあまり例がなく大変貴重な資料として参考にしていただけることと思います。今回、実例の提供をご快諾いただいた法人様に心より感謝申し上げます。

　本書の出版にあたっては、第一法規株式会社編集第五部の井上様、菊谷様に企画から校正に至るまで多大なご協力をいただきました。おかげさまで、支援を行う側にとっての補助金制度の解説を行う他に類のない本を完成させることができましたことに、ここで改めて御礼申し上げます。

2023年12月

公認会計士・税理士　水谷　翠

目次

第4版 税理士のための
**"中小企業の補助金"申請支援マニュアル**

採択率を上げる申請書・事業計画の作成支援から、アフターフォローまで

会計事務所・認定支援機関のための
# 補助金支援業務マップ

| A 制度を知る | B 業務を知る | C 事業計画 | D 申請書 | E アフターフォロー |
|---|---|---|---|---|

GOAL

(4)

# A 制度を知る：補助金制度について理解する

# B 業務を知る：補助金支援業務について理解する

## C　事業計画：事業計画を策定する

## Ⓓ 申請書：採択される申請書類を作成する

## E アフターフォロー：申請後対応と他業務への応用を考える

### オリジナル様式集index

# A

## 制度を知る

補助金制度について理解する

# 中小企業向けの補助金制度概論

　昨今、多種多様な中小企業向けの補助金が公募されており、経営者の関心は大変高まっています。事業資金に関する相談相手として、あるいは認定支援機関として、税理士が補助金について問合せを受ける機会も少なくないと思います。こうした中で、まずは補助金とはどのようなものかイメージしていただくために、補助金の仕組みや基本的なルールについて解説していきます。

## （1）補助金[1]とは

### ■国の補助金事業の仕組み

　国として取り組むべきさまざまな政策目標について、それぞれの目標に合った施策が実施されます。補助金とは、それらの施策の中でも国が企業、民間団体、個人、自治体などに金銭を直接交付する事業のことをいいます。補助金を交付することにより、企業、民間団体、個人、自治体などにおいて、想定された取組みが広がり、それが政策目標の達成につながる効果を生じさせることが補助金事業[2]の狙いなのです。

●補助金事業の仕組み

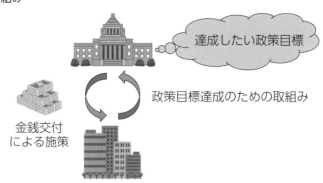

### ■経営者の視点での補助金とは

　経営者の視点においては、補助金とは、事業のさまざまな局面で資金負担及び投資リスクを軽減することができるツールであるといえます。補助金を資金調達手段と捉えるならば、負債のような返済や利子負担がない点、資本のような経営関与がない点が優れています。

---

1 補助金のほかに助成金という呼称もありますが、両者に厳密な区別はありません。
2 国から見ると補助金は国の行う事業の1つであるため、補助金の正式名称が「○○事業」となっていることがあります。

●ビジネスフローと中小企業向け補助金の活用例

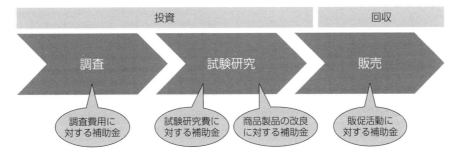

企業が補助金を受け取ると、同業他社に比べて資金繰りが有利になり、さらに一歩先行く投資を行うことで競争力の強化が可能となります。一方で、補助金の制度上、一定以上の利益が出た場合に返還するというルール[3]があることを懸念する経営者もいますが、これは事業が計画どおりに進まず、利益が出なかった場合には返還を要しないということであり、補助金制度は経営者の投資リスクを軽減する効果があるのです。

それ以外にも、補助金が採択されることにより、従業員や取引先、あるいは金融機関等に対してその企業や取り組む事業の信頼度が上がったり、経営者自身にとっても自社の取組みの社会的意義が認められたという自信につながるといった効果も期待できます。

また、自社で補助金の申請をするのではなく、補助金関連情報を用いて、例えば補助金申請が見込まれる事業者層や採択者に向けたターゲティング広告や、関連する補助金の提案を含めた自社サービスのプロモーション活動[4]等を行うといった活用方法もあります。

## （2）補助金の種類

### ■多岐にわたる補助金の種類

国の補助金は、その目的によって管轄する省庁が異なり、種類は多岐にわたります[5]。中小企業が申請する主な補助金を大別すると、申請書の中に事業計画を含み、その事業計画の優劣によって採否が決まるもの（以下、「"計画評価系の補助金"」という）と、一定の申請要件を満たしているか否かによって採否が決まるもの（以下、「"要件充足系の補助金"」という）とがあります。

### ■ "計画評価系の補助金"

申請書の中に事業計画を含み、その事業計画の優劣によって採否が決まる補助金です。まず申請要件を満たすことはもちろんのこと、さらに採択に足る事業計画を策定す

---

3 P6「■収益納付」参照。
4 例えば、HP制作会社においてHP制作費用の補助金が交付される市区町村に重点的にDM展開を行う等があります。
5 ある金融機関の調査によると、平成28年9月時点で約10,000種類ほどの補助金があるとのことです。

ることが必要であるため、一般的に難易度が高く、採択率は低くなります。

　具体的には、事業再構築補助金、ものづくり補助金、小規模事業者持続化補助金等があり、これらには会計事務所をはじめとする認定支援機関等の外部機関の支援が要件となっているものがあります。

### ■ "要件充足系の補助金"

　一定の申請要件を満たしているか否かによって採否が決まる補助金です。具体的には、キャリアアップ助成金、雇用調整助成金等の厚生労働省関係の助成制度があり、社会保険労務士が申請を支援しているケースが多くみられます。要件を満たしていることで交付される補助金ですので、"計画評価系の補助金"に比べると採択率は高くなります。

### ■税理士として支援するなら

　数多くの補助金が存在する中ですべてを網羅的に支援することは実務的に不可能です。そこで上記のとおり2種に大別することで、税理士として取り組むべき補助金か否かを見極めることができます。すなわち、税理士としての知識や、日頃から事業計画等に触れているノウハウを最大限に生かして申請支援を行うのであれば、"計画評価系の補助金"に絞って取り組むべきでしょう。

　特に認定支援機関となっている税理士には、中小企業から"計画評価系の補助金"の申請の支援者としての期待が寄せられています。

●中小企業向け補助金の採否のポイント別分類

| | "計画評価系の補助金" | "要件充足系の補助金" |
|---|---|---|
| 採否のポイント | 要件の充足のみならず、事業計画の評点により採否が決まる | 要件の充足により採否が決まる |
| 具体例 | ・事業再構築補助金<br>・ものづくり補助金<br>・小規模事業者持続化補助金　等 | ・キャリアアップ助成金<br>・雇用調整助成金　等 |
| 税理士として申請支援するなら | ◎ | △ |

## （3）基本ルール

　補助金には多くの種類がありますが、その運用についての基本的なルールは1つの法律「補助金等に係る予算の執行の適正化に関する法律（以下、「適正化法」という）」及び適正化法施行令に定められています。この法律には、補助金制度の適切な運用を図るため、申請から決定までの規定や、補助事業の遂行にかかる規定、補助金の返還に関する規定、罰則等の規定が置かれています。

　まずは補助金共通のルールを押さえ、そのうえで各補助金の固有の趣旨とルールについて公募要領等を確認して理解する必要があります。

### ≪補助金申請にあたって必ず知っておくべき重要な基本ルール≫

#### ■補助金は後払い

　補助金は、投資（補助対象となる経費の支出）の後で交付されます。つまり、企業にとっては投資に必要な資金はあらかじめ別に調達する必要があります。補助金の申請を検討している経営者の中には、この点を理解しておらず、受け取った補助金を使って投資を行うことを計画したり、すでに実行済みの投資に対して補助金を申請しようとする方がいますが、いずれもできません。

　採択されてから事業完了後に補助金を受け取るまでの間に必要となる投資資金については、「つなぎ融資」という制度があります。これは、金融機関が採択者に対して融資を行い、補助金事業が円滑に進むよう支援を行うものです。平成25年11月6日に中小企業庁及び金融庁から、認定支援機関及び金融機関に対しつなぎ融資の円滑化に向けての協力要請[6]が行われています。

#### ■補助対象となる経費の利用制限

　交付決定を受けた後、補助対象経費の配分の変更[7]や内容の変更をしようとする場合、事業を中止、廃止もしくは他に承継させようとする場合には、事前に事務局の承認が必要となります。あくまで採択を受けたのは当初の事業計画であり、その当初申請の内容からかけ離れる変更である場合等には承認されない可能性もあります。

　つまり、当初申請書に記した「事業計画」や「経費明細」は、採択後の事業遂行において、経費の利用に関する内容や金額の制限としての大変重要な意味を持つことになります。

---

6　中小企業庁HP「補助金交付までの間の事業資金に対するつなぎ融資の円滑化を図るための要請について」
http://www.chusho.meti.go.jp/keiei/sogyo/2013/131106tunagi.htm
7　費目の変更を行うこと。例えば、申請時に人件費としていた金額を、実際の事業遂行にあたり予定を変更して外注費とすること等。

## ■収益納付

　適正化法においては、国税からなる補助金が一企業の利益になることは好ましくないという考え方があります。このため、補助事業が完了した後5年間において、一定以上の収益が認められた場合には、交付された補助金の額を上限として収益の一部を納付するルールがあります。一定以上の利益とは、下記のとおり計算された基準納付額を超える額のことを指します。

---

【基準納付額：（B－C）×A÷D】

　上記の式により算出された額から前年度までに収益納付した額を差し引き、正の値であった場合には、その額が当期の収益納付となる。

A：補助金交付額（本事業にて交付を受けた補助金額）
B：補助事業にかかる収益額（補助事業にかかる営業損益等（売上高－製造原価－販売管理費等）の各年度の累計）
C：控除額（補助対象経費）
D：補助事業にかかる支出額（本報告の事業年度までに補助事業にかかる費用として支出されたすべての経費（補助事業終了後に発生した経費を含む。））

---

　上記Bの額の計算において営業損益の額を用いていますので、法人においては基準納付額の計算にあたり役員報酬を控除することができます。一方、個人事業主の場合には、役員報酬という概念はありませんが、事業の利益に本人の給与相当額が利益から控除される調整が加えられ、法人・個人間における有利不利は生じないこととされています。

## ■不正受給のペナルティ

　補助金の不正受給に対してペナルティがあることは誰でも理解しやすいと思います。不正受給、すなわち、偽りその他不正の手段により補助金等の交付を受け、または間接補助金等の交付もしくは融通を受けた者に対しては、5年以下の懲役もしくは100万円以下の罰金、または併科という罰則規定があります（適正化法29条）。

　一方で、不正のつもりがない場合であっても適正化法の運用に従わなかった場合にはペナルティを受けることがあります。

　例えば、事業の都合あるいはその他何らかの理由で補助金を他の用途に使用した場合には、交付の決定の全部または一部が取り消され、補助金額に加算金を上乗せして返還

する必要があります。さらにこの場合には、3年以下の懲役もしくは50万円以下の罰金、または併科という罰則規定があります（適正化法11条、17条、19条、30条）。

　また、補助事業等の成果の報告をしなかった場合や、法令に基づく検査に対して適切に応じない場合等には、3万円以下の罰金という罰則規定があります（適正化法31条）。

### ■税金

　受領した補助金は、原則として法人の場合は確定した期の益金に、個人の場合は受領した年の事業所得となり、課税されます。詳細については、「E2　採択後の税務上の取扱い」で解説します。これは適正化法に定められたものではありませんが、重要な補助金の基本ルールといえます。

## （4）申請から受取りまでの流れ

　補助金に関する手続きの流れをつかむために、ここでは補助金を申請してから実際に補助金の交付を受けるまでの流れを令和5年度補正「事業再構築補助金（第11回）」のスケジュールを例に解説します。

### ≪補助金の申請から補助金の交付を受けるまでの流れ（見込み）≫

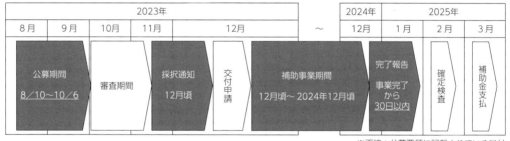

※下線：公募要領に記載されている日付

### ①公募期間

申請者は期限までにインターネット上のGビズIDを使用して電子申請を行い、応募します。

↓

### ②審査期間

補助金事務局において提出を受けた情報が取りまとめられ、補助金審査委員がこれを審査して、採択または不採択が決められます。

↓

### ③採択通知

申請者に対して審査の結果が通知されます。採択事業については、インターネット上の

Ｇビズ及び事務局HPにて発表されます。

↓

④交付申請

採択者は交付申請手続きを行います。交付決定後、採択者に交付決定通知の連絡があります。

↓

⑤補助事業期間

交付決定通知書に記された交付決定日から補助事業期間が始まります。補助事業期間の終了日は申請書に記載の日付となります。原則としてこの期間内に、補助対象となるすべての経費の発注、納入、検収、支払い等の手続きを行う必要があります。

↓

⑥完了報告

採択者は、補助事業期間終了後30日以内に、実施した事業内容及び実際にかかった経費等について報告書を提出します。

↓

⑦確定検査

完了報告書類の検査及び確認が行われて、交付される補助金の額が確定します。

↓

⑧補助金支払い

採択者は補助金を受領します。

 チェックポイント!

■ 補助金は経営者にとって資金負担や投資リスクの軽減ツール。

■ 税理士が支援するのに適した補助金は、"計画評価系の補助金"。

■ 補助金は多種多様でも、基本ルールは１つの法律「適正化法」にあり。

■ 補助金は、対象となる投資の後で交付される≪後払い≫。

■ 交付決定の内容どおりに経費を使わなければいけない≪利用制限≫。

■ 一定以上の収益が認められた場合は、補助金を返還≪収益納付≫。

# A2 情報収集のポイント

　ここでは、個別の補助金の情報をどのように収集すればよいかについて解説します。補助金の情報には、できるだけ早期にアクセスすることが重要になりますが、公募が始まっているかどうかを知ることは実は意外に難しいのです。1つのヒントとして、国の年度予算スケジュールから補助金の大まかなスケジュールを知っておくといいでしょう。また、補助金情報収集に役立つポータルサイト等もご紹介します。

## （1）補助金の年間スケジュール

　国の年度予算のスケジュールは概ね以下のとおりであり、それに沿って補助金の予算や概要についての情報が決定、公表されます。なお、補正予算については下記スケジュール外で随時決定、公表されることになります。

　特に、毎年12月に中小企業庁HP（ホームページ）に公表される「中小企業・小規模事業者・地域経済関係概算要求等ポイント」には、閣議決定した翌年度の補助金概要を含む情報が公表されるため、早めに確認することで、クライアント等への情報提供に役立てられます。

| 時期 | 予算スケジュール | 補助金スケジュール |
|---|---|---|
| 8月末 | 各省庁による概算要求 | 補助金を含む取組事業の概要及び予算の概算要求額が公表される |
| ↓ | 財務省による概算査定 | 財務省により概算要求額が減額される可能性がある |
| ↓ | 財務省原案を閣議提出 | |
| 12月中旬 | 政府案の閣議決定 | 補助金ごとの総予算がほぼ決定する<br>中小企業庁HP「地域・中小企業・小規模事業者関係予算案等のポイント」にて翌年度の補助金の概要が公表される |
| 1月～2月 | 国会審議 | 詳細決定、順次情報公表 |
| 3月末 | 予算成立 | 公募開始 |
| ↓<br>↓<br>↓<br>↓<br>↓ | | 公募期間は各補助金によって異なるが、申請者の予見可能性を高め適切なタイミングで申請補助事業を実施することを目的に、1つの補助金について複数回の公募が行われる。 |

## （2）補助金情報の集め方

　現在、補助金の情報はすべてインターネット上で公表されています。一次情報は各補助金を管轄する省庁等のHP上に掲載されます。このため、調べたい補助金の正確な名称がわかっている場合には簡単に検索して情報収集することができます。しかし、正確な名称がわからない場合や、「現在募集中の補助金には何があるか？」「この業種で使える補助金は何か？」等の切り口で調べたい場合には、検索が難しいため、信頼できる補助金ポータルサイト等を利用することをおすすめします。

### ■補助金の情報源の例

・各省庁のHP

　　国の補助金の一次情報として最も信頼性が高く、適時に公表されるものです。

　　中小企業に対する施策に関するものであれば、中小企業庁のHPのトップページから「経営サポート」へ移動すると、分野ごとの補助金情報等を見ることができます。

（中小企業庁HPトップページ　http://www.chusho.meti.go.jp/）

・都道府県や市区町村のHP

　地方自治体の補助金の一次情報として最も信頼性が高く、適時に公表されるものです。

　東京都の施策に関するものであれば、公益財団法人東京都中小企業振興公社のHPのトップページから「助成金・設備投資」または「助成金一覧はこちら」をクリックすると、分野ごとの補助金情報等を見ることができます。

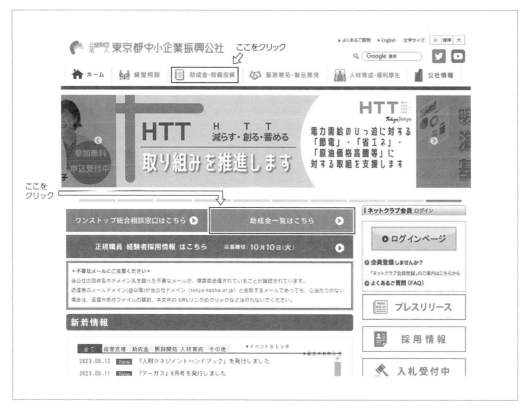

（東京都中小企業振興公社HPトップページ　http://www.tokyo-kosha.or.jp/）

・J－Net21

　J－Net21とは、独立行政法人中小企業基盤整備機構が運営する中小企業ビジネス支援サイトです。J－Net21のHPのトップページから「支援情報ヘッドライン」へ移動すると、公募中の補助金情報について、地域、利用目的、支援制度を選択したうえで検索することができます。

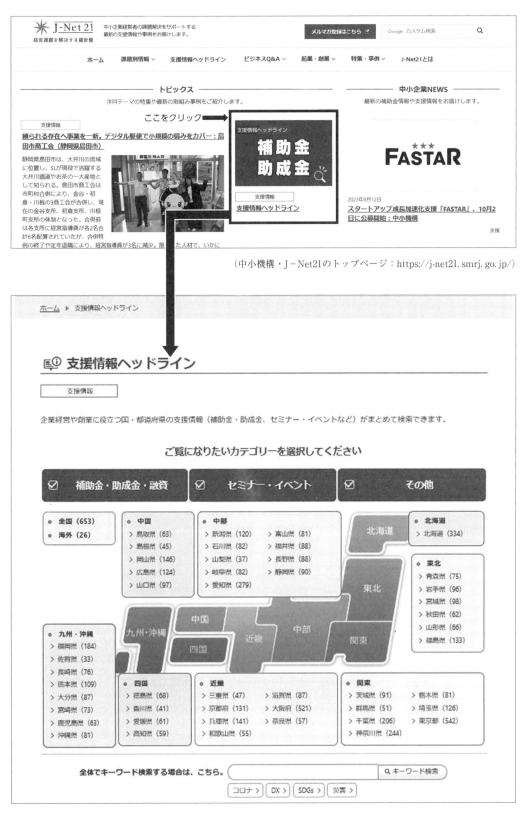

（中小機構・Ｊ−Net21のトップページ：https://j-net21.smrj.go.jp/）

（中小機構・Ｊ−Net21　支援情報ヘッドライン：https://j-net21.smrj.go.jp/snavi/index.html）

・その他金融機関等

　金融機関やコンサルティング会社等で、独自に補助金情報を収集、分析して最適な補助金の提案をするサービスを展開しているところもあります。

### （3）補助金情報ナナメ読みのススメ

　補助金情報を収集して比較検討を行うためには、補助金ごとに公表される公募要領等を読んで理解する必要がありますが、それぞれ数十ページに及ぶ公募要領等をすべて読むには時間がかかりすぎてしまいます。

　そこで、ポイントを絞って読み飛ばしていくナナメ読みをおすすめします。ナナメ読みをするときには、補助対象事業者、補助対象事業、補助対象経費、補助対象期間の4点に注目してください。なぜなら、補助の対象となるのは、「補助対象事業者が行う補助対象事業で、補助対象経費を補助対象期間内に使う場合」のみだからです。この4点を押さえておけば、申請を希望している中小企業の投資計画と合致するものか否かの判断が概ね可能となります。

　ただし、比較検討の結果、最終的に申請する補助金を絞った後は、必ず公募要領等のすべての事項に目を通してください。

補助金の対象となるのは、
補助対象事業者が行う補助対象事業で、補助対象経費を補助対象期間
内に使う場合のみである！

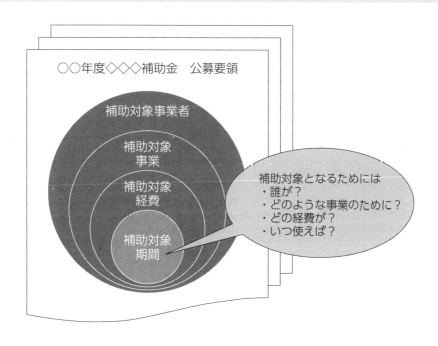

# ✔ チェックポイント！

■ 現在公募中の補助金の情報は、すべてインターネット上から入手。

■ 中小企業向け補助金は、中小企業庁HPをチェック。

■ 「J-Net21」等は、条件を指定して補助金検索が可能で便利。

■ これから公募される補助金の情報は、国の予算案等で確認。

■ 「対象事業者」「対象事業」「対象経費」「対象期間」に注目。

# 「事業再構築補助金」

　事業再構築補助金とは、ポストコロナ・ウィズコロナ時代の経済社会の変化に対応するための中小企業の新分野展開や業態転換等の事業再構築に対する国の支援事業であり、いま中小企業等で最も注目される補助金の１つです。その理由には、他の補助金に比べて補助額が大きい（例えば従業員数が101人以上で大企保賃金引上枠に該当する場合の補助上限額は１億円）こと、また、予算規模が大きい（令和２年度補正予算１兆1,485億円に加えて令和４年度２次補正予算までに１億2,923億円が積み増しされている）ことがあげられます。

　本稿では、令和５年６月に公表された公募要領、事業再構築指針（以下、「指針」という。）及び指針の手引き等から事業再構築補助金の全体像について解説します。なお、本補助金の申請にあたっては、申請前に事業計画について認定経営革新等支援機関（以下、「認定支援機関」という。）の「確認」を受けることが要件となっています。税理士が関与先から「確認」をお願いしたいと相談を受けるケースもあるかもしれません。

## （１）目的

　新型コロナウイルス感染症の影響が長期化し、当面の需要や売上の回復が期待し難い中、ウィズコロナ・ポストコロナの時代の経済社会の変化に対応するために新分野展開、業態転換、事業・業種転換、事業再編またはこれらの取組みを通じた規模の拡大等、思い切った事業再構築を行う中小企業者等の挑戦を支援します。

## （2）応募類型と補助内容のまとめ

　令和5年6月に公表された事業再構築補助金（第10回）の公募要領の内容を紹介します。

### ① 業況が厳しい事業者向け

| 類型 | 最低賃金枠 | 物価高騰対策・回復再生応援枠 | 産業構造転換枠 |
|---|---|---|---|
| 対象 | 最低賃金引上げの影響を受け、その原資の確保が困難な事業者 | 業況が厳しい事業者や事業再生に取り組む事業者、原油価格・物価高騰等の影響を受ける事業者 | 国内市場縮小等の構造的な課題に直面している業種・業態の事業者 |
| 補助金額 | 【従業員数5人以下】100万円～500万円 【従業員数6～20人】100万円～1,000万円 【従業員数21人以上】100万円～1,500万円 | 【従業員数5人以下】100万円～1,000万円 【従業員数6～20人】100万円～1,500万円 【従業員数21～50人】100万円～2,000万円 【従業員51人～】100万円～3,000万円 | 【従業員数20人以下】100万円～2,000万円 【従業員数21～50人】100万円～4,000万円 【従業員数51～100人】100万円～5,000万円 【従業員数101人以上】100万円～7,000万円 ※廃業を伴う場合には、廃業費を最大2,000万円上乗せ |
| 補助率 | 中小企業者等4分の3 中堅企業等3分の2 | 中小企業者等3分の2 ※1 中堅企業等2分の1 ※2 ※1 従業員数5人以下の場合400万円、従業員数6～20人の場合600万円、従業員数21～50人の場合800万円、従業員数51人以上の場合は1,200万円までは4分の3 ※2 従業員数5人以下の場合400万円、従業員数6～20人の場合600万円、従業員数21～50人の場合800万円、従業員数51人以上の場合は1,200万円までは3分の2 | 中小企業者等3分の2 中堅企業等2分の1 |
| 補助対象経費 | 建物費、機械装置・システム構築費（リース料を含む）、技術導入費、専門家経費、運搬費、クラウドサービス利用費、外注費、知的財産権等関連経費、広告宣伝・販売促進費、研修費 | | 建物費、機械装置・システム構築費（リース料を含む）、技術導入費、専門家経費、運搬費、クラウドサービス利用費、外注費、知的財産権等関連経費、広告宣伝・販売促進費、研修費、廃業費 |

## ② 事業再構築による成長、サプライチェーン強化を目指す事業者向け

| 類型 | 成長枠 | グリーン成長枠 | | サプライチェーン強靭化枠 |
|---|---|---|---|---|
| | | エントリー | スタンダード | |
| 対象 | 成長分野への大胆な事業再構築に取り組む事業者 | 研究開発・技術開発または人材育成を行いながら、グリーン成長戦略「実行計画」14分野の課題の解決に資する取組を行う事業者 | | 海外で製造する部品等の国内回帰を進め、国内サプライチェーンの強靭化及び地域産業の活性化に資する取組を行う事業者 |
| 補助金額 | 【従業員数20人以下】100万円〜2,000万円<br>【従業員数21〜50人】100万円〜4,000万円<br>【従業員数51〜100人】100万円〜5,000万円<br>【従業員数101人以上】100万円〜7,000万円 | 中小企業者等【従業員数20人以下】100万円〜4,000万円<br>【従業員数21〜50人】100万円〜6,000万円<br>【従業員数51人以上】100万円〜8,000万円<br>中堅企業等100万円〜1億円 | 中小企業者等100万円〜1億円<br>中堅企業者等100万円〜1.5億円 | 1,000万円〜5億円<br>※建物費がない場合は3億円以下 |
| 補助率 | 中小企業者等<br>2分の1（※1）<br>中堅企業等<br>3分の1（※2）<br>（※1）大規模な賃上げを行う場合は3分の2<br>（※2）大規模な賃上げを行う場合は2分の1 | | | 中小企業者等<br>2分の1<br>中堅企業等<br>3分の1 |
| 補助対象経費 | 建物費、機械装置・システム構築費（リース料を含む）、技術導入費、専門家経費、運搬費、クラウドサービス利用費、外注費、知的財産権等関連経費、広告宣伝・販売促進費、研修費 | | | |

## ③ 成長枠・グリーン成長枠申請者の上乗せ枠

成長枠・グリーン成長枠で申請する場合、卒業促進枠または大規模賃金引上促進枠を同時に申請することができ、これにより、補助金額は最大3億円（グリーン成長枠スタンダード1.5億円＋卒業促進枠1.5億円）となります。

| 類型 | 卒業促進枠 | 大規模賃金引上促進枠 |
|---|---|---|
| 対象 | 成長枠・グリーン成長枠の補助事業を通して、中小企業等から中堅企業等に成長する事業者 | 成長枠・グリーン成長枠の補助事業を通して、大規模な賃上げに取り組む事業者 |
| 補助金額 | 成長枠・グリーン成長枠の補助金額上限に準じる | 100万円～3,000万円 |
| 補助率 | 中小企業者等<br>2分の1<br>中堅企業等<br>3分の1 | |
| 補助対象経費 | 成長枠・グリーン成長枠の補助対象経費に準じる<br>※成長枠またはグリーン成長枠の補助対象経費と明確に分ける必要があり、成長枠またはグリーン成長枠と同一の経費を対象経費とすることはできない。 | |

## （3）事業再構築指針

　本補助金の支援の対象を明確化するため、中小企業庁は「事業再構築指針」を公表して事業再構築の定義等を明らかにしています。事業再構築とは、「新市場進出（新分野展開、業態転換）」「事業転換」「業種転換」「事業再編」または「国内回帰」の5つを指し、それぞれの定義は以下のとおりです。

| 事業再構築 | 定義 |
|---|---|
| 新市場進出<br>（新分野展開、業態転換） | 中小企業等が主たる業種(※1)または主たる事業(※2)を変更することなく、新たな製品等を製造等することにより、新たな市場に進出すること |
| 事業転換 | 中小企業等が新たな製品等を製造等することにより、主たる業種(※1)を変更することなく、主たる事業(※2)を変更すること |
| 業種転換 | 中小企業等が新たな製品を製造することにより、主たる業種(※1)を変更すること |
| 事業再編 | 会社法上の組織再編行為（合併、会社分割、株式交換、株式移転、事業譲渡）等を行い、新たな事業形態のもとに、新分野展開、事業転換、業種転換又は業態転換のいずれかを行うこと |
| 国内回帰 | 中小企業等が海外で製造等する製品について、その製造方法が先進性を有する国内生産拠点を整備すること |

※1　主たる業種：直近決算期における売上高構成比率の最も高い事業が属する、日本標準産業分類に基づく大分類の産業
※2　主たる事業：直近決算期における売上高構成比率の最も高い事業が属する、日本標準産業分類に基づく中分類、小分類又は細分類の産業

## （4）過去の採択状況

第1回公募の応募と採択状況

| 件数<br>（単位：者数） | 中小企業等 | | | 中堅企業等 | | | 合計 |
|---|---|---|---|---|---|---|---|
| | 通常枠 | 特別枠 | 卒業枠 | 通常枠 | 特別枠 | V字回復枠 | |
| ① システムで受け付けた件数（応募件数） | 16,897 | 5,167 | 80 | 71 | 14 | 2 | 22,231 |
| ② うち、書類不備等がなく、申請要件を満たした件数（申請件数） | 14,783 | 4,315 | 69 | 60 | 11 | 1 | 19,239 |
| ③ 採択件数 | 5,092 | 2,859 | 45 | 12 | 7 | 1 | 8,016 |
| 採択率 | 30.1% | 55.3% | 56.2% | 16.9% | 50.0% | 50.0% | 36.1% |

第2回公募の応募と採択結果

| 件数<br>（単位：者数） | 中小企業等 | | | 中堅企業等 | | | 合計 |
|---|---|---|---|---|---|---|---|
| | 通常枠 | 特別枠 | 卒業枠 | 通常枠 | 特別枠 | V字回復枠 | |
| ① システムで受け付けた件数（応募件数） | 14,800 | 5,884 | 48 | 59 | 9 | 0 | 20,800 |
| ② うち、書類不備等がなく、申請要件を満たした件数（申請件数） | 13,174 | 5,071 | 36 | 45 | 7 | 0 | 18,333 |
| ③ 採択件数 | 5,367 | 3,919 | 24 | 21 | 5 | 0 | 9,336 |
| 採択率 | 36.3% | 66.6% | 50.0% | 35.6% | 55.6% | — | 44.9% |

第3回公募の応募と採択結果

| 件数<br>（単位：者数） | 通常枠 | 大規模賃金引上枠 | 卒業枠 | 緊急事態宣言特別枠 | 最低賃金枠 | 合計 |
|---|---|---|---|---|---|---|
| ① システムで受け付けた件数（応募件数） | 15,423 | 20 | 44 | 4,351 | 469 | 20,307 |
| ② うち、書類不備等がなく、申請要件を満たした件数（申請件数） | 14,103 | 18 | 37 | 3,933 | 428 | 18,519 |
| ③ 採択件数 | 5,713 | 12 | 20 | 2,901 | 375 | 9,021 |
| 採択率 | 37.0% | 60.0% | 45.5% | 66.7% | 80.0% | 44.4% |

第 4 回公募の応募と採択結果

| 件数<br>(単位：者数) | 通常枠 | 大規模賃金<br>引上枠 | 卒業枠 | 緊急事態宣言<br>特別枠 | 最低賃金枠 | 合計 |
|---|---|---|---|---|---|---|
| ① システムで<br>受け付けた件数<br>(応募件数) | 15,036 | 12 | 17 | 4,217 | 391 | 19,673 |
| ② 採択件数 | 5,700 | 6 | 8 | 2,806 | 290 | 8,810 |
| 採択率 | 37.9% | 50.0% | 47.1% | 66.5% | 74.2% | 44.8% |

第 5 回公募の応募と採択結果

| 件数<br>(単位：者数) | 通常枠 | 大規模賃金<br>引上枠 | 卒業枠 | 緊急事態宣<br>言特別枠 | 最低<br>賃金枠 | グローバル<br>Ｖ字回復枠 | 合計 |
|---|---|---|---|---|---|---|---|
| ① システムで<br>受け付けた件数<br>(応募件数) | 16,185 | 13 | 21 | 4,509 | 306 | 1 | 21,035 |
| ② 採択件数 | 6,441 | 8 | 9 | 3,006 | 243 | 0 | 9,707 |
| 採択率 | 39.8% | 61.5% | 42.9% | 66.7% | 79.4% | 0.0% | 44.8% |

第 6 回公募の応募と採択結果

| 件数<br>(単位：者数) | 通常枠 | 大規模賃金<br>引上枠 | 回復・再生<br>応援枠 | 最低賃金枠 | グリーン<br>成長枠 | 合計 |
|---|---|---|---|---|---|---|
| ① システムで<br>受け付けた件数<br>(応募件数) | 11,653 | 9 | 2,933 | 252 | 493 | 15,340 |
| ② 採択件数 | 5,297 | 5 | 1,954 | 216 | 197 | 7,669 |
| 採択率 | 45.5% | 55.6% | 66.6% | 86.0% | 40.0% | 50.0% |

第 7 回公募の応募と採択結果

| 件数<br>(単位：者数) | 通常枠 | 大規模賃金<br>引上枠 | 回復・再生<br>応援枠 | 最低<br>賃金枠 | グリーン<br>成長枠 | 緊急<br>対策枠 | 合計 |
|---|---|---|---|---|---|---|---|
| ① システムで<br>受け付けた件数<br>(応募件数) | 9,292 | 11 | 2,144 | 162 | 543 | 2,980 | 15,132 |
| ② 採択件数 | 4,402 | 5 | 1,338 | 131 | 217 | 1,652 | 7,745 |
| 採択率 | 47.4% | 45.4% | 62.4% | 80.9% | 40.0% | 55.4% | 44.8% |

## 第8回公募の応募と採択結果

| 件数<br>（単位：者数） | 通常枠 | 大規模賃金<br>引上枠 | 回復・再生<br>応援枠 | 最低<br>賃金枠 | グリーン<br>成長枠 | 緊急<br>対策枠 | 合計 |
|---|---|---|---|---|---|---|---|
| ① システムで<br>受け付けた件数<br>（応募件数） | 7,261 | 8 | 1,522 | 165 | 434 | 3,201 | 12,591 |
| ② 採択件数 | 3,562 | 4 | 879 | 117 | 173 | 1,721 | 6,456 |
| 採択率 | 49.1% | 50.0% | 57.8% | 70.9% | 39.9% | 53.8% | 51.3% |

## 第9回公募の応募と採択結果

| 件数<br>（単位：者数） | 通常枠 | 大規模賃金<br>引上枠 | 回復・再生<br>応援枠 | 最低<br>賃金枠 | グリーン<br>成長枠 | 緊急<br>対策枠 | 合計 |
|---|---|---|---|---|---|---|---|
| ① システムで<br>受け付けた件数<br>（応募件数） | 5,178 | 6 | 1,146 | 106 | 372 | 2,561 | 9,369 |
| ② 採択件数 | 2,130 | 3 | 590 | 68 | 148 | 1,320 | 4,259 |
| 採択率 | 41.1% | 50.0% | 51.5% | 64.2% | 39.8% | 51.5% | 45.5% |

## 第10回公募の応募と採択結果

| 件数<br>（単位：件数） | 成長枠 | グリーン<br>成長枠 | 産業構造<br>転換枠 | 最低<br>賃金枠 | 物価高騰<br>対策・回<br>復再生応<br>援枠 | サプライ<br>チェーン<br>強靭化枠 | 合計 | 卒業<br>促進<br>枠 | 大規模賃<br>金引上<br>促進枠 |
|---|---|---|---|---|---|---|---|---|---|
| ① システムで<br>受け付けた件数<br>（応募件数） | 2,734 | 631 | 275 | 249 | 6,775 | 157 | 10,821 | 2 | 202 |
| ② 採択件数 | 1,242 | 262 | 102 | 133 | 3,387 | 79 | 5,205 | 0 | 55 |
| 採択率 | 45.4% | 41.5% | 37.1% | 53.4% | 50.0% | 50.3% | 48.1% | 0% | 27.2% |

## （5）活用事例

●新市場進出（新分野転換、業態転換）

**製造業**

<u>ガソリン車向けのバッテリーボックス（バッテリーの温度変化を抑制する部品）を製造する事業者。</u>
低炭素社会への対応が求められる中、EV用部品市場への参入を検討。

**新市場進出**

断熱性を高める研究開発を行い、**電気自動車のセル電池間の熱伝導を防止する、リチウムイオンバッテリーの断熱材を新たに製造。**
断熱性の向上により、従来製品より長寿命化も可能となり、昨今の電気自動車市場の拡大を受け、大量生産による低価格化にも取り組む。

ガソリン車向け部品　　　　　　　　　電気自動車向け部品

補助経費の例：事業圧縮にかかる**機械撤去**の費用
研究開発のための**新規設備導入**にかかる費用　など

●事業転換

**食品製造業**

<u>フライ菓子などの製造販売業者。</u>コロナの影響に加え、**原材料となる小麦粉、油などの価格が高騰**する一方、商品単価の値下げが激しく、売上・利益率が減少。

**事業転換**

フライ菓子の製造ラインを縮小し、現存の加工技術を活かし、**新たにドライフルーツ製品を製造する機器を導入。原油価格・物価高騰の影響を受ける体制から脱却**し、新たな市場の開拓を図る。

フライ菓子製造用機械　　　　　　　　ドライフルーツ製造用機械

補助経費の例：新規製品製造のための**機械導入**にかかる費用など

●国内回帰

**事業イメージ**

例1　製造事業者（申請者）がこれまで**海外生産拠点で製造していた製品**を、**国内で製造**するための自動化**設備を新たに導入**。

例2　取引先がこれまで**海外から調達していた製品**について、**国内で製造**できないか取引先から申請者に対し、打診があり、対応するため**国内生産拠点を新たに設立**。

※事業再構築指針で示す「国内回帰」は、
　海外の生産拠点を閉じることを要件として求めておりません。

→国内サプライチェーンの強靱化
→地域産業の活性化

●その他の活用イメージ

| **飲食業** |
| **弁当販売** |
| ➡オフィス勤務の方向けの弁当販売を行う事業者が、**高齢者向けの食事宅配事業**を開始。 |

| **小売業** |
| **ガソリン販売** |
| ➡新規に**フィットネスジムの運営**を開始。地域の健康増進ニーズに対応。 |

| **サービス業** |
| **ヨガ教室** |
| ➡室内での密を回避するため、新たに**オンライン形式でのヨガ教室の運営**を開始。 |

| **製造業** |
| **半導体製造装置部品製造** |
| ➡半導体製造装置の技術を応用した**洋上風力設備の部品製造**を新たに開始。 |

| **運輸業** |
| **タクシー事業** |
| ➡新たに一般貨物自動車運送事業の許可を取得し、**食料等の宅配サービス**を開始。 |

| **食品製造業** |
| **和菓子製造・販売** |
| ➡和菓子の製造過程で生成される成分を活用し、新たに**化粧品の製造・販売**を開始。 |

| **建設業** |
| **土木造成・造園** |
| ➡自社所有の土地を活用して**オートキャンプ場を整備**し、観光事業に新規参入。 |

| **情報処理業** |
| **画像処理サービス** |
| ➡映像編集向けの画像処理技術を活用し、新たに**医療向けの診断サービス**を開始。 |

（※中小企業庁「事業再構築補助金の概要（中小企業等事業再構築促進事業）」10.1版より引用。）

# ✔ チェックポイント!

☑ 人気の「事業再構築補助金」とは……

中小・中堅企業の新分野展開や業態転換、事業・業種転換、事業再編、国内回帰またはこれらの取組みを通じた規模の拡大等の支援。
補助率は2分の1～4分の3、上限額は類型・規模に応じて500万～3億円
第1回～第9回公募の平均採択率は45.4%
成長枠、グリーン成長枠で申請する場合は、上乗せ枠（卒業促進枠、大規模賃金引上枠）による上限額アップが可能
申請にあたってはGビズプライムの登録と認定支援機関の支援が必要。

☑ クライアントからこんな話があれば、「事業再構築補助金」の検討を！

・製品の製造方法や商品・サービスの提供方法を大きく変更したい（新市場進出（業態転換））
・新たな製品の製造や新たな商品・サービスの提供を行いたい（新市場進出（新分野展開）・業種転換）
・組織再編を行いたい（事業再編）
・新たな設備投資を行い、成長したい

# 「ものづくり補助金」

　「ものづくり・商業・サービス生産性向上促進補助金（以下、「ものづくり補助金」という）」は、ここ数年、毎年1,000億円以上の予算規模で行われている中小企業に人気のある補助金の１つです。補助上限額は応募類型等によりますが、１件あたり750万円〜5,000万円となります。一般に「ものづくり補助金」と呼ばれていることから、製造業のみが対象となる補助金であると思われることがありますが、実は業種による制限はなく、サービス業であっても補助の対象になります。なお、本補助金の申請にあたっては、認定支援機関による支援は必須要件ではありません。

　ここからは、「令和４年度第２次補正・令和５年度予算ものづくり補助金（16次締切）」の概要についてご紹介します。年度、公募回によって要件等が異なりますのでご留意ください。

## （1）目的

　中小企業・小規模事業者等が今後複数年にわたり相次いで直面する制度変更（働き方改革や被用者保険の適用拡大、賃上げ、インボイス導入等）等に対応するため、中小企業・小規模事業者等が取り組む革新的サービス開発・試作品開発・生産プロセスの改善を行い、生産性を向上させるための設備投資等の一部が支援されます。

## （2）応募類型と補助内容のまとめ

① 革新的な製品・サービス開発または生産プロセス・サービス提供方法の改善に取り組む事業者向け

| 類型 | 通常枠 | 回復型賃上げ・雇用拡大枠 | デジタル枠 |
|---|---|---|---|
| 概要 | 革新的な製品・サービス開発または生産プロセス・サービス提供方法の改善に必要な設備・システム投資等を支援 | 業況が厳しいながら賃上げ・雇用拡大に取り組む事業者が行う、革新的な製品・サービス開発または生産プロセス・サービス提供方法の改善に必要な設備・システム投資等を支援 | ＤＸ（デジタルトランスフォーメーション）に資する革新的な製品・サービス開発またはデジタル技術を活用した生産プロセス・サービス提供方法の改善による生産性向上に必要な設備・システム投資等を支援 |
| 補助金額 | 【従業員数５人以下】100万円～750万円 【従業員数６人～20人】100万円～1,000万円 【従業員数21人以上】100万円～1,250万円 | | |
| 補助率 | 小規模企業者・小規模事業者※ ２分の１ 再生事業者 ３分の２ | ３分の２ | ３分の２ |
| 追加要件 | | 以下の全ての要件に該当するものであること。<br>(1) 前年度の事業年度の課税所得がゼロ以下であること<br>(2) 常時使用する従業員がいること<br>(3) 補助事業を完了した事業年度の翌年度の３月末時点において、その時点での給与支給総額の増加率が1.5％、事業場内最低賃金が地域別最低賃金＋30円以上の水準の増加目標を達成すること | 以下の全ての要件に該当するものであること。<br>(1) 次の①または②に該当する事業であること。<br>① ＤＸに資する革新的な製品・サービスの開発<br>② デジタル技術を活用した生産プロセス・サービス提供方法の改善<br>(2) 経済産業省が公開するＤＸ推進指標を活用して、ＤＸ推進に向けた現状や課題に対する認識を共有する等の自己診断を実施するとともに、自己診断結果を応募締切日までに独立行政法人情報処理推進機構（ＩＰＡ）に対して提出していること。<br>(3) 独立行政法人情報処理推進機構（ＩＰＡ）が実施する「SECURITY |

| | |
|---|---|
| | ACTION」の「★一つ星」または「★★二つ星」いずれかの宣言を応募申請時点で行っていること。 |
| 補助対象経費 | 機械装置・システム構築費、技術導入費、専門家経費、運搬費、クラウドサービス利用費、原材料費、外注費、知的財産権等関連経費 |

※ 小規模企業者・小規模事業者は、常勤従業員数が、製造業その他・宿泊業・娯楽業では20人以下、卸売業・小売業・サービス業では5人以下の会社または個人事業主をいいます。

② 温室効果ガスの排出削減、炭素生産性向上に取り組む事業者向け

| 類型 | グリーン枠 | | |
|---|---|---|---|
| | エントリー類型 | スタンダード類型 | アドバンス類型 |
| 概要 | 温室効果ガスの排出削減に資する取組に応じ、温室効果ガスの排出削減に資する革新的な製品・サービス開発または炭素生産性向上を伴う生産プロセス・サービス提供方法の改善による生産性向上に必要な設備・システム投資等を支援 | | |
| 補助金額 | 【従業員数5人以下】100万円〜750万円 【従業員6人〜20人】100万円〜1,000万円 【従業員21人以上】100万円〜1,250万円 | 【従業員数5人以下】750万円〜1,000万円 【従業員6人〜20人】1,000万円〜1,500万円 【従業員21人以上】1,250万円〜2,000万円 | 【従業員数5人以下】1,000万円〜2,000万円 【従業員6人〜20人】1,500万円〜3,000万円 【従業員21人以上】2,000万円〜4,000万円 |
| 補助率 | 3分の2 | | |
| 追加要件 | 以下の全ての要件に該当するものであること。<br>(1) 次の①または②に該当する事業であること。<br>　① 温室効果ガスの排出削減に資する革新的な製品・サービスの開発<br>　② 炭素生産性向上を伴う生産プロセス・サービス提供の方法の改善<br>(2) 3〜5年の事業計画期間内に、事業場単位または会社全体での炭素生産性を年率平均1％以上増加する事業であること。<br>(3) エントリー類型について、以下のいずれかを満たすこと。<br>　1. エネルギーの種類別に使用量を毎月整理している。また、補助対象の事業者あるいは事業所の$CO_2$の年間排出量を把握している。<br>　2. 事業所の電気、燃料の使用量を用途別に把握している。<br>(4) スタンダード類型について、上記(3)を全て満たし、以下のいずれかを満たすこと。<br>　3. 本事業で開発に取り組む製品・サービスが、自社のみならず、業界・産業全体での温室効果ガス削減に貢献するものである。<br>　4. 電気事業者との契約で、一部でも再生可能エネルギーに係る電気メニューを選択している。<br>　5. 自社で太陽光やバイオマスなど再生可能エネルギーでの発電を導入している。<br>　6. グリーン電力証書を購入している。<br>　7. 省エネルギー設備の導入や再生可能エネルギーの利用による$CO_2$等の排出削減量や適切な森林管理による$CO_2$等の吸収量を「クレジット」として国が認証する制度（J－クレジット制度）があるがこの制度に参加し、自社での温室効果ガス排出量の削減取組についてクレジット認証を受けている。<br>(5) アドバンス類型について、上記(3)を全て満たし、上記(4)3.〜7.のうち2つ以上を満たし、以下のいずれかを満たすこと。 | | |

| | |
|---|---|
| | 8．通常版もしくは中小企業版ＳＢＴ（Science Based Targets）の認証または通常版もしくは中小企業版ＲＥ100に参加している。<br>9．エネルギーの使用の合理化等に関する法律（通称：省エネ法）における事業者クラス分け評価制度において、令和４年度定期報告書分評価が『Ｓクラス』評価であること（原則、公募締切時点で資源エネルギー庁ホームページにて、『Ｓクラス』として公表されていることが確認できること）<br>10．2020年度以降に以下のいずれかの事業における省エネルギー診断を受診している、または、地方公共団体で実施する省エネルギー診断を受診している。<br>〇一般財団法人省エネルギーセンター実施の「無料省エネ診断等事業及び診断結果等情報提供事業」または「エネルギー利用最適化診断事業及び情報提供事業」<br>〇一般社団法人環境共創イニシアチブ実施の「省エネルギー相談地域プラットフォーム構築事業」、「地域プラットフォーム構築事業」または「中小企業等に向けた省エネルギー診断拡充事業」<br>11．ＧＸリーグに参画していること。 |
| 補助対象<br>経費 | 機械装置・システム構築費、技術導入費、専門家経費、運搬費、クラウドサービス利用費、原材料費、外注費、知的財産権等関連経費 |

③ 海外事業の拡大・強化等を目指す事業者向け

| 類型 | グローバル市場開拓枠 | | | |
|---|---|---|---|---|
| | 海外直接投資類型 | 海外市場開拓<br>（JAPANブランド）<br>類型 | インバウンド市場<br>開拓類型 | 海外事業者との<br>共同事業類型 |
| 概要 | 海外事業の拡大・強化等を目的とした「製品・サービス開発」または「生産プロセス・サービス提供方法の改善」に必要な設備・システム投資等を支援 | | | |
| 補助<br>金額 | 100万円～3,000万円 | | | |
| 補助<br>率 | 2分の1<br>小規模企業者・小規模事業者　3分の2 | | | |
| 追加<br>要件 | ・国内事業と海外事業の双方を一体的に強化し、グローバルな製品・サービスの開発・提供体制を構築することで、国内拠点の生産性を高めるための事業であること。<br>・国内に所在する本社を補助事業者とし、補助対象経費の2分の1以上が海外支店の補助対象経費となること、または海外子会社の事業活動に | ・国内に補助事業実施場所を有し、製品等の最終販売先の2分の1以上が海外顧客となり、計画期間中の補助事業の売上累計額が補助額を上回る事業計画を有していること。<br>・応募申請時に、事前のマーケティング調査に基づく、具体的な想定顧客が分かる海外市場調査報告書、実績報告時に、想定顧客による試作品等 | ・国内に補助事業実施場所を有し、サービス等の販売先の2分の1以上が訪日外国人となり、計画期間中の補助事業の売上累計額が補助額を上回る事業計画を有していること。<br>・応募申請時に、具体的な想定顧客が分かるインバウンド市場調査報告書、実績報告時に、プロトタイプの仮説検証の報告書を追加提出する | ・国内に補助事業実施場所を有し、外国法人と行う共同研究・共同事業開発に伴う設備投資等があり、その成果物の権利（の一部）が補助事業者に帰属すること（外国法人の経費は、補助対象外）。<br>・応募申請時に、共同研究契約書または業務提携契約書（検討中の案を含む）、実績報告時に、当該契約の進捗が分かる成果報 |

| | |
|---|---|
| | 対する外注費もしくは貸与する機械装置・システム構築費に充てられること。<br>・国内事業所においても、単価50万円（税抜き）以上の海外事業と一体的な機械装置等を取得（設備投資）すること。<br>・応募申請時に、海外子会社等の事業概要・財務諸表・株主構成が分かる資料、実績報告時に、海外子会社等との委託（貸与）契約書とその事業完了報告書を追加提出すること。 |

| | の性能評価報告書を追加提出すること。 | こと。 | 告書を追加提出すること。 |
|---|---|---|---|

| 補助対象経費 | 機械装置・システム構築費、技術導入費、専門家経費、運搬費、クラウドサービス利用費、原材料費、外注費、知的財産権等関連経費、海外旅費（グローバル市場開拓枠のみ）、通訳・翻訳費（グローバル市場開拓枠のうち海外市場開拓（JAPANブランド）類型のみ）、広告宣伝・販売促進費（グローバル市場開拓枠のうち海外市場開拓（JAPANブランド）類型のみ） |
|---|---|

④ 大幅な賃上げに取り組む事業者向けの補助上限額の引き上げ

| 大幅賃上げに係る補助上限額引上げの特例※ | |
|---|---|
| 引上げ額 | 【従業員数５人以下】<br>各申請枠の上限から最大100万円引き上げ<br>【従業員数６人～20人】<br>各申請枠の上限から最大250万円引き上げ<br>【従業員数21人以上】<br>各申請枠の上限から最大1,000万円引き上げ |
| 追加要件 | 以下の全ての要件に該当するものであること。<br>(1) 事業計画期間において、基本要件である給与支給総額を年率平均1.5％以上増加に加え、さらに年率平均4.5％以上（合計で年率平均６％以上）増加とすること。<br>(2) 事業計画期間において、基本要件である地域別最低賃金＋30円以上の水準とすることに加え、事業場内最低賃金（補助事業を実施する事業場内で最も低い賃金）を毎年、年額＋45円以上増額すること。<br>(3) 応募時に、上記(1)(2)の達成に向けた具体的かつ詳細な事業計画（大幅な賃上げに取り組むための事業計画）を提出すること。 |

※ 回復型賃上げ・雇用拡大枠、各申請枠の補助金額の上限額に達しない場合、再生事業者、常勤従業員がいない場合は、利用できません。

## （3）過去の採択状況

　平成24年度補正から令和２年度補正（第14次）までの合計の応募件数は231,793件、採択件数は101,966件で、平均採択率は44.0％となっています。

### 平成24年度補正予算（1,007億円）

| | 応募件数 | 採択件数 | 採択率 |
|---|---|---|---|
| 第１回第１次 | 1,836 | 742 | 40.4% |
| 第１回第２次 | 10,209 | 4,162 | 40.8% |
| 第２回第１次 | 11,926 | 5,612 | 47.1% |
| 合計 | 23,971 | 10,516 | 43.9% |

（中小企業庁HP　平成24年度補正第１次募集（第１次締切）「ものづくり補助金」採択結果より抜粋）
以下の各募集についても同様に中小企業庁HPより抜粋。

### 平成25年度補正予算（1,400億円）

| | 応募件数 | 採択件数 | 採択率 |
|---|---|---|---|
| 第１回第１次 | 7,396 | 2,916 | 39.4% |
| 第１回第２次 | 15,019 | 6,697 | 44.6% |
| 第２回第１次 | 14,502 | 4,818 | 33.2% |
| 合計 | 36,917 | 14,431 | 39.1% |

### 平成26年度補正予算（1,020億円）

| | 応募件数 | 採択件数 | 採択率 |
|---|---|---|---|
| 第１回第１次 | 1,170 | 775 | 66.2% |
| 第１回第２次 | 13,350 | 5,881 | 44.1% |
| 合計 | 14,520 | 6,656 | 45.8% |

### 平成27年度補正予算（1,020億円）

| | 応募件数 | 採択件数 | 採択率 |
|---|---|---|---|
| 第１回第１次 | 24,011 | 7,729 | 32.2% |
| 第１回第２次 | 2,618 | 219 | 8.4% |
| 合計 | 26,629 | 7,948 | 29.8% |

平成28年度補正予算（1,001億円）

| | 応募件数 | 採択件数 | 採択率 |
|---|---|---|---|
| 第１回 | 15,547 | 6,157 | 39.6% |
| 合計 | 15,547 | 6,157 | 39.6% |

平成29年度補正予算（1,000億円）

| | 応募件数 | 採択件数 | 採択率 |
|---|---|---|---|
| 第１回第１次 | 17,275 | 9,518 | 55.1% |
| 第１回第２次 | 6,355 | 2,471 | 38.9% |
| 合計 | 23,630 | 11,989 | 50.7% |

平成30年度補正（小規模事業者持続化補助金、IT導入補助金と合わせて1,100億円）

| | 応募件数 | 採択件数 | 採択率 |
|---|---|---|---|
| １次 | 14,927 | 7,468 | 50.0% |
| ２次 | 5,876 | 2,063 | 35.1% |
| 合計 | 20,803 | 9,531 | 45.8% |

令和元年度・令和２年度補正（小規模事業者持続化補助金、IT導入補助金と合わせて3,600億円、追加700億円、1,000億円、2,300億円）

| | 応募件数 | 採択件数 | 採択率 |
|---|---|---|---|
| １次 | 2,287 | 1,429 | 62.5% |
| ２次 | 5,721 | 3,267 | 57.1% |
| ３次 | 6,923 | 2,637 | 38.1% |
| ４次〔一般型〕 | 10,041 | 3,132 | 31.2% |
| ４次〔グローバル展開型〕 | 271 | 46 | 17.0% |
| ５次〔一般型〕 | 5,139 | 2,291 | 44.6% |
| ５次〔グローバル展開型〕 | 160 | 46 | 28.8% |
| ６次〔一般型〕 | 4,875 | 2,326 | 47.7% |

| | | | |
|---|---|---|---|
| 6次〔グローバル展開型〕 | 105 | 36 | 34.3% |
| 7次〔一般型〕 | 5,414 | 2,729 | 50.4% |
| 7次〔グローバル展開型〕 | 93 | 39 | 41.9% |
| 8次〔一般型〕 | 4,584 | 2,753 | 60.1% |
| 8次〔グローバル展開型〕 | 69 | 27 | 39.1% |
| 9次〔一般型〕 | 3,552 | 2,223 | 62.6% |
| 9次〔グローバル展開型〕 | 61 | 24 | 39.3% |
| 10次〔一般型〕 | 4,224 | 2,584 | 31.2% |
| 10次〔グローバル展開型〕 | 70 | 28 | 40.0% |
| 11次〔一般型〕 | 4,668 | 2,786 | 59.7% |
| 11次〔グローバル展開型〕 | 76 | 31 | 40.8% |
| 12次〔一般型〕 | 3,200 | 1,885 | 58.9% |
| 12次〔グローバル展開型〕 | 56 | 22 | 39.3% |
| 13次〔一般型〕 | 3,261 | 1,903 | 58.4% |
| 13次〔グローバル展開型〕 | 61 | 24 | 39.3% |
| 14次 | 4,865 | 2,470 | 50.8% |
| 合計 | 69,776 | 34,738 | 49.8% |

## （4）過去の採択事例

【サービス革新】の採択事例

---

（1）独自性・独創性を発揮してサービス提供プロセスの改善をする例（卸売業）

　　「花卉業界初の生産・流通一貫体制による安定供給システムの構築」

【概要】

日本国内の花卉販売価格は欧米に比べて3倍程度高く、一般消費者向けの需要は伸び悩んでいる。そこで、我が国の花卉業界初となる生産・流通・販売までの一貫供給体制の構築に向けて、これまでの試作・実証ノウハウを元に、生産面では切り花加工技術の導入による効率化、流通面では品質・鮮度維持のための水濃度調整計測技術を導入する。また、販売面では、単品単人管理システムの導入により、個別顧客管理と花卉の予測管理を実施し、生産者や小売店舗に情報をフィードバックすることで、花卉の販売機会損失による生産ロスを低減すると共に、消費者の満足度を高め、固定ユーザーを獲得していく。

「H25年度補正ものづくり・商業・サービス革新事業」採択企業より

（2）ブランド力を強化して顧客満足度を向上させる例（小売業）

　　「患者本位の健康サービス提供のための「くつろぎ健康拠点」づくり」

【概要】

隣接医療機関からの調剤販売だけでなく、薬局を核とした地域住民の健康増進に寄与する「くつろぎ健康拠点」づくりを行う。健康を一元的に相談できる相談コーナー設置や、自己採血による血液検査のための測定機器を導入して自分で健康管理を行えるようにするなどにより、病気の早期発見と予防に寄与する。さらに、高齢化や家庭の事情で来店できない患者へ薬剤師が薬の配達を行うほか、服薬方法等へのアドバイスや調剤した薬の残薬管理など、気軽に訪れられる「かかりつけ薬局」として地域住民の健康相談に応じていく。

「H25年度補正ものづくり・商業・サービス革新事業」採択企業より

（3）価値や品質の見える化を実現して顧客満足度を向上させる例（医療・介護業）

　　「患者への十分な事前説明のために3D画像で治療を見える化」

【概要】

これまで歯科治療における診察は、ほとんどの場合二次元画像によるもので、人間の予測に頼らない精緻な診査・診断や患者が簡単にイメージできるわかりやすい説明が課題となっていた。そこで、3D画像CT（コンピュータ断層撮影）を導入することで「治療の見える化」を図り、安心・安全な高度歯科医療サービスを実現。例えば、二次元では見えなかったあごの骨の立体的な形態や神経の位置が把握できるなどより的確な診断が可能になるほか、患者自身も自分の口腔内の状況がよく分かり、医師の説明をより理解しやすくなる。医療行為そのものの妥当性はもちろんのこと、医師・患者双方が納得の上、治療計画が立てられるようになる。

「H25年度補正ものづくり・商業・サービス革新事業」採択企業より

---

（いずれも「中小サービス事業者の生産性向上のためのガイドライン」（平成27年1月経済産業省）の事例より抜粋）

【ものづくり技術】の採択事例

（1）デザイン開発技術の事例（川下分野：日用品）
　　「名刺入れ（自社ブランドornamentシリーズの第1弾）の開発」
【概要】
BtoB向け製品で培ってきた強い技術を、BtoC向け商品に活用。売り方を知りつくしたデザイナーのディレクションのもと、事業の柱になりえる自社ブランドの展開に成功
【ユーザーニーズ】
審美性・感性価値の向上、ブランド化、マーケットニーズへの対応
【研究開発内容】
携帯電話ケース、化粧品コンパクトで培った技術をもとに、極小ダンパーの動きでゆっくりとフタが開く、両側からグラデーションがかかった美しい風合いの名刺入れを実現した

（2）情報処理技術の事例（川下分野：ロボット）
　　「石油プラント危険作業代替ロボット組込ソフトウェアに係る開発」
【概要】
日本初の製油所用防爆移動式作業ロボットを開発する反応炉において作業を安全に行うための各種センサーと組み合わせロボット操縦支援組込みソフトウェア開発を実施
【ユーザーニーズ】
ロボットを使用する現場との協業によるデータ収集、新たな活用分野の開拓
製油所では硫黄分を除去するため、触媒を用いた装置（高さ約30m、直径約3m）が用いられている。触媒は定期的に交換する必要があり、装置内から機械的に除去できない触媒は作業員が酸素マスクを付け、手作業により除去している。酸素が装置内に入ると自然発火・爆発の危険性がある環境での作業のため、人ではなくロボットによる作業のニーズがあった。
【研究開発内容】
・粉塵が舞い暗所である炉内での作業を行うため、ステレオカメラからの視差画像を処理することで距離測定を行うソフトウェアを開発。
・ロボットの3次元位置を仮想空間に表示し、3次元座標を求めるソフトウェアを開発。
・炉内での作業を行うため、電気系統の防爆規定を満たした構造を実現。

（いずれも「高度化指針[8]」の事例より抜粋）

---

8 中小企業の特定ものづくり基盤技術の高度化に関する指針　http://www.chusho.meti.go.jp/keiei/sapoin/shishin.html

# ✔チェックポイント!

人気の「ものづくり補助金」とは……

- ☐ 革新的サービス開発・試作品開発・生産プロセスの改善の支援。
  毎年1,000億円以上の予算規模で、令和元年度補正以降は新型コロナ
  ウイルス感染症対策分も含めて予算規模は拡大。
  過去の平均採択率は44.0%。
  補助率は2分の1〜3分の2、上限額は750万円〜5,000万円。
  対象事業は、製造業、サービス業いずれもOK。

クライアントからこんな話があれば、「ものづくり補助金」の検討を!

- ☐ これから機械装置等の設備投資を行う予定がある。
  専用ソフトウェアの構築を外注し、新たなサービスを始める。
  外部から実施権を取得して、新サービス・新製品を開発する。
  生産ラインの改良を行い、生産プロセスの改善を行う。

# A5 「小規模事業者持続化補助金」

　小規模事業者持続化補助金（以下、「持続化補助金」という）は、小規模事業者が商工会・商工会議所と一体となって経営計画を作りつつ販路開拓に取り組む費用を支援するものです。ものづくり補助金や創業補助金に比べると補助額が少ないものの、商工会・商工会議所の支援が受けられる点、必ずしも設備投資の必要がない点、2023年10月から新たに課税事業者となりインボイス制度に対応する事業者に特例がある点等が、特に小規模事業者にとっては使い勝手のいい制度であるといえます。なお、本補助金の申請にあたっては、商工会議所等による支援が必須要件となっています。

　ここから、「令和4年度第2次補正予算持続化補助金一般型第13回公募」の概要についてご紹介します。年度、公募回によって要件等が異なりますのでご留意ください。

## （1）目的

　小規模事業者等が今後複数年にわたり相次いで直面する制度変更等に対応するために取り組む販路開拓等の取り組みを促進し、地域の雇用や産業を支える小規模事業者等の生産性向上と持続的発展が図ることが目的とされています。本目的に沿って、持続的な経営に向けた経営計画に基づく販路開拓等の取り組みや、その取り組みと併せて行う業務効率化（生産性向上）の取り組みに要する経費の一部が補助されます。

## （2）応募類型と補助内容のまとめ

　令和元年度補正予算持続化補助金には、通常枠と新型コロナウイルス感染症対策として実施されている低感染リスク型ビジネス枠があります。

| 類型 | 通常枠 | 賃金引上げ枠 | 卒業枠 | 後継者支援枠 | 創業枠 |
|---|---|---|---|---|---|
| 概要 | 小規模事業者自らが作成した経営計画に基づき、商工会・商工会議所の支援を受けながら行う販路開拓等の取組を支援。 | 販路開拓の取り組みに加え、事業場内最低賃金が地域別最低賃金より＋30円以上である小規模事業者 | 販路開拓の取り組みに加え、雇用を増やし小規模事業者の従業員数を超えて事業規模を拡大する小規模事業者 | 販路開拓の取り組みに加え、アトツギ甲子園においてファイナリスト及び準ファイナリストに選ばれた小規模事業者 | 産業競争力強化法に基づく「特定創業支援等事業の支援」を受け、販路開拓に取り組む創業した小規模事業者 |
| 補助金額 | 50万円 | 200万円 | | | |

| 補助率 | 3分の2 | 3分の2<br>赤字事業者<br>4分の3 | 3分の2 | | |
|---|---|---|---|---|---|
| インボイス特例 | インボイス特例の要件※を満たす場合は、上記補助上限額に50万円を上乗せ | | | | |
| 追加要件 | — | 補助事業の終了時点において、事業場内最低賃金が申請時の地域別最低賃金より＋30円以上であること。 | 補助事業の終了時点において、常時使用する従業員の数を増やし、小規模事業者の従業員数を超えて規模を拡大すること。 | 申請時において、「アトツギ甲子園」のファイナリスト及び準ファイナリストになった事業者であること。 | 産業競争力強化法に基づく「認定市区町村」または「認定市区町村」と連携した「認定連携創業支援等事業者」が実施した「特定創業支援等事業」による支援を公募締切時から起算して過去3か年の間に受け、かつ過去3か年の間に開業した事業者であること。 |
| 補助対象経費 | 機械装置等費、広報費、ウェブサイト関連費、展示会等出展費、旅費、開発費、資料購入費、雑役務費、借料、設備処分費、委託・外注費 | | | | |

※ 2021年9月30日から2023年9月30日の属する課税期間で一度でも免税事業者であった、または免税事業者であることが見込まれる事業者のうち、適格請求書発行事業者の登録が確認できた事業者であること。ただし、補助事業の終了時点でこの要件を満たさない場合は、特例は適用されません。
（「小規模事業者持続化補助金〈一般型〉第13回公募」公募要領より）

## （3）過去の採択状況

　平成25年度補正から平成26年度補正及び令和元年度（一般型第4次）の合計の応募件数は204,420件、採択件数は129,163件で、平均採択率は63.2％と比較的高採択率ですが、既に終了した令和2年度補正予算のコロナ特別対応型は公募回によって応募件数、採択件数にバラつきがあり、採択率は29.4％～81.6％となりました。

令和元年度補正予算・令和3年度補正予算

| | 応募件数 | 採択件数 | 採択率 |
|---|---|---|---|
| 一般型（第1回） | 8,044 | 7,308 | 90.9% |
| 一般型（第2回） | 19,154 | 12,478 | 65.1% |
| 一般型（第3回） | 13,642 | 7,040 | 51.6% |
| 一般型（第4回） | 16,126 | 7,128 | 44.2% |
| 一般型（第5次） | 12,738 | 6,869 | 53.9% |
| 一般型（第6次） | 9,914 | 6,846 | 69.1% |
| 一般型（第7次） | 9,339 | 6,517 | 69.8% |
| 一般型（第8次） | 11,279 | 7,098 | 62.9% |
| 一般型（第9次） | 11,467 | 7,344 | 64.0% |
| 一般型（第10次） | 9,844 | 6,248 | 63.5% |
| 一般型（第11次） | 11,030 | 6,498 | 58.9% |
| 一般型（第12次） | 13,373 | 7,438 | 55.6% |
| （引き続き公募中） | | | |
| 合計 | 145,986 | 88,812 | 60.8% |

令和2年度補正予算

| | 応募件数 | 採択件数 | 採択率 |
|---|---|---|---|
| コロナ特別対応型（第1回） | 6,744 | 5,503 | 81.6% |
| コロナ特別対応型（第2回） | 24,380 | 19,833 | 81.3% |
| コロナ特別対応型（第3回） | 37,302 | 12,664 | 33.9% |
| コロナ特別対応型（第4回） | 52,529 | 15,421 | 29.4% |
| コロナ特別対応型（第5回） | 43,243 | 16,498 | 38.2% |
| 合計 | 164,198 | 69,919 | 42.6% |

## （4）過去の採択事例

（1）地道な販路開拓等に取り組んだ美容業の例

【事業内容】

・国道沿いの店舗前看板の設置

・スマートホン対応のHP作成

・ポスティングチラシを作製し、自らポスティングをした。

【事業効果】

・メニュー表記、わかりやすい大きな文字や写真を引用する事でインパクトのある看板となり、認知度を向上させ、より地域に定着させるよう取り組んでいる。

・これまで自社ホームページが無く、広告は紙媒体の広告に頼っていた。今回スマートホン対応サイトを構築、自ら配布するポスティングチラシとともに宣伝効果を発揮している。実際にこれを見て来たという新規のお客様もあった。

（2）買い物弱者対策に取り組んだサービス業の例

【事業内容】

・配食事業用冷蔵庫購入

・配食用ケース購入

【事業効果】

・買い物弱者へ日々の食事提供を専用冷蔵庫導入により安心な調理環境の向上と、メニューの多様性・利用者の増加に対応するための配食用ケースの個数確保によって、一層充実したサービスの提供が可能となり、売上向上につながった。

（経済産業省中国経済産業局「小規模事業者持続化補助金」採択事例より）

# ✔ チェックポイント！

### 人気の「小規模事業者持続化補助金」とは……

■ 小規模事業者の販路開拓、業務効率化の取組みに要する経費を助成。
平均採択率は61.4％と比較的高め。
補助率は3分の2または4分の3、上限額は50万円〜250万円。
設備投資を行わなくても申請できる。
申請にあたっては商工会・商工会議所の支援が必須。

### こんなときには、「小規模事業者持続化補助金」の検討を！

■ 新たな顧客層の獲得に向けて商品の改良・開発を行う。
展示会を開催する、出展する。
ホームページを制作する。
ポストコロナを踏まえた新たなビジネスやサービス、生産プロセスの導入等を行う。
2023年10月から新たに課税事業者となりインボイス制度に対応する。

# B

## 業務を知る

GOAL

補助金支援業務について理解する

# B 1 補助金支援業務とは

　初めて補助金の相談を受けたときには、「どのような作業にどれくらい時間がかかるのか？」「どのようなリソース・スキルが必要となるのか？」という点が気になることと思います。

　ここからは、補助金支援業務の必要性と現状について分析したうえで、補助金支援の業務フローと補助金支援業務に必要なリソースやスキルについてご紹介します。

　なお、本書において補助金支援業務とは、申請書作成及びその前後の補助金に関する支援業務全般を指します。具体的な業務については後述の補助金支援業務フローに例示しています。

## （1）補助金支援業務の必要性と現状

　中小企業庁が平成26年7月に公表した「2014年版中小企業白書について」によれば、補助金を含む中小企業施策について、中小企業は「情報を入手すること」にも、そして、入手した情報を「理解すること」にも困難を感じていることが浮き彫りになっています。一方で、情報を入手できた中小企業においては、その情報入手先は認定支援機関であったと回答している割合が最も高くなっています。

　現在はミラサポplus[1]の運営や市区町村等での説明が当時よりも改善されているものの、中小企業者にとってタイムリーに有益な情報を得ることが容易になったとは言い難く、依然として認定支援機関が補助金等情報の提供とその支援を期待されている状況であるといえます。

○中小企業・小規模事業者の約5〜6割が国の中小企業施策情報の入手先は不明確としている（図1）。そして、約5割は実際に施策情報を入手していない（図2）。また、実際に施策の活用まで至るのは約1割に過ぎないが、活用した者の約7割は評価している（図3）。
○国の中小企業施策情報の入手先として、支援機関や市区町村への期待が高い（図2）。このため、今後、都道府県向けのみならず、市区町村や支援機関向けのface to faceの施策説明会を、早期かつ積極的に実施する。
○国の中小企業施策情報は、情報量は「少なすぎる」が約4割（図4）。タイミングは「タイムリーでない」が約5割（図5）、わかりやすさは「わかりにくい」が約5割（図6）。

1 中小企業庁委託事業として中小企業・小規模事業者の未来をサポートするサイト
https://www.mirasapo-plus.go.jp/

○このため、「施策マップ」やメルマガの充実に加え、施策を企画立案した担当者が、施策立案の背景や想いを込めて、わかりやすく説明する動画を、中小企業庁のポータルサイト「ミラサポ」<sup>(※)</sup>上に掲載する。

図1. 情報入手先の明確さ <small>（n＝2,221）</small>

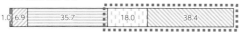

- とても明確である
- 明確である
- どちらとも言えない
- あまり明確ではない
- 明確ではない

| 1.0 | 6.9 | 35.7 | 18.0 | 38.4 |

図2. 情報入手先

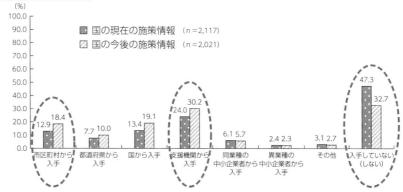

■ 国の現在の施策情報 （n＝2,117）
▨ 国の今後の施策情報 （n＝2,021）

| | 市区町村から入手 | 都道府県から入手 | 国から入手 | 支援機関から入手 | 同業種の中小企業者から入手 | 異業種の中小企業者から入手 | その他 | 入手していない（しない） |
|---|---|---|---|---|---|---|---|---|
| 現在 | 12.9 | 7.7 | 13.4 | 24.0 | 6.1 | 2.4 | 3.1 | 47.3 |
| 今後 | 18.4 | 10.0 | 19.1 | 30.2 | 5.7 | 2.3 | 2.7 | 32.7 |

図3. 活用状況・評価

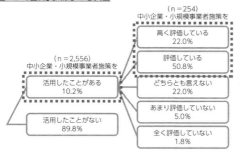

（n＝2,556）
中小企業・小規模事業者施策を
- 活用したことがある 10.2%
- 活用したことがない 89.8%

（n＝254）
中小企業・小規模事業者施策を
- 高く評価している 22.0%
- 評価している 50.8%
- どちらとも言えない 22.0%
- あまり評価していない 5.0%
- 全く評価していない 1.8%

図4. 情報量 <small>（n＝2,170）</small>

- 非常に多すぎる
- 多すぎる
- どちらとも言えない（ちょうど良い）
- 少なすぎる
- 少なすぎる

| 1.2 | 5.5 | 51.9 | 10.5 | 30.9 |

図5. 情報を得られるタイミング <small>（n＝2,205）</small>

- とてもタイムリーに得られる
- タイムリーに得られる
- どちらとも言えない
- あまりタイムリーに得られない
- タイムリーに得られない

| 1.0 | 6.1 | 42.7 | 16.8 | 33.4 |

## 図6. 情報のわかりやすさ (n = 2,172)

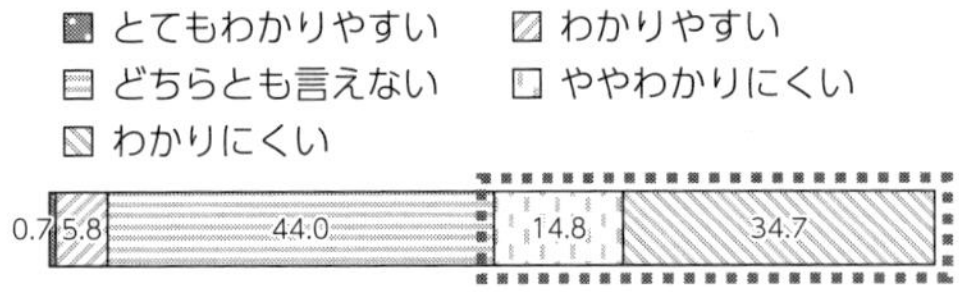

■ とてもわかりやすい　▨ わかりやすい
▥ どちらとも言えない　□ ややわかりにくい
▨ わかりにくい

| 0.7 | 5.8 | 44.0 | | 14.8 | 34.7 | |

※　「ミラサポ」は令和3年3月にて終了。以降は「ミラサポplus」上に掲載。

（「2014年版中小企業白書について（本文）2014年7月」P34より）

## ■補助金利用のここが難しい

　中小企業にとって補助金を利用しようとした場合、申請やその他手続き等において難所が多く、補助金の提案や支援を必要としている中小企業は少なくありません。例えば、次のような点は中小企業において特に難しいと感じるところです。

・情報収集

　　どのように情報を収集すべきかわからない

　　自社に合った補助金がどれなのかわからない

　　いつ、どのように申請をすればいいのかわからない

・事業計画策定

　　補助金を活用するための事業計画の策定の方法がわからない

　　補助金を見込んだ資金繰り計画の策定が難しい

・申請書作成

　　公募要領を理解するのが難しい

　　申請書類にどのように記載すべきかわからない

　　採択される申請書になるようアドバイスがほしい

・税金対策

　　補助金にかかる税金について相談したい

## ■補助金申請支援の現場

　補助金申請支援には、原則として資格は不問です。補助金申請支援を最も積極的に行っているのは補助金を専門とするコンサルティング会社ですが、その他にも一部の会計事務所、社会保険労務士事務所、中小企業診断士事務所、行政書士事務所、金融機関等も支援に取り組んでいます。

　なお、事業再構築補助金では認定支援機関の支援、小規模事業者持続化補助金では商工会または商工会議所の支援が必須要件となっています。

| 支援者 | 報酬（例） | 申請支援業務（例） |
|---|---|---|
| 会計事務所<br>その他士業事務所 | 無料<br>〜<br>10%前後の成功報酬 | 確認書の作成のみの場合、申請書の作成の支援を行う場合等によって、報酬はまちまちである。 |
| 金融機関 | 無料 | 補助金情報の案内を積極的に行うところは少なくないが、申請書の作成まで踏み込んだ関与はあまりみられない。 |
| コンサルティング会社等の補助金専門業者 | 10%〜20%前後の成功報酬 | 事業計画策定を含む申請書の記載等について主導的に関与し、平均よりも高い採択率を誇るケースが多い。 |

※上記は公の統計データに基づくものではなく、あくまで筆者が今までに見聞きした範囲の傾向である点をご了承ください。

## （2）補助金支援業務フローの一例

　申請者は補助金の利用にあたって支援を必要としていますが、一口に支援といっても、補助金の手続きの各段階でさまざまな業務があります。また、申請者と会計事務所のどちらが主体となって作業するかによっても支援内容、量は異なってきます。

　ここでは、会計事務所が主体となり、最も支援業務が多いパターンの補助金支援業務フローの一例をご紹介します。なお、時間はあくまで目安ですので、申請内容等によってはさらに時間がかかる場合もある点はご留意ください。

●補助金支援業務フロー

| | | | 時間 | 備考 |
|---|---|---|---|---|
| 0 | 事前準備 | | | |
| | ①認定支援機関登録 | | | |
| | | 認定支援機関の登録※1 | | 約1か月程度 |
| | ②情報収集 | | | |
| | | 補助金のルール，留意点を理解する | | |
| | | 最新の補助金情報を入手する | | |
| 1 | 事業計画の策定支援 | | 21〜31 | |
| | ①情報提供 | | 2 | |
| | | 補助金の情報を提供して、申請の機会を創出する | | |
| | | 補助金のルール、留意点を申請者に理解させる | | |
| | ②事業計画策定 | | 5 | 申請者との面談2回と仮定 |
| | | 全体構想の整理 | | |
| | | 具体的な事業内容の整理 | | |
| | | 数値計画の策定 | | |
| | | 応募要件との整合性等の確認 | | |
| | ③確認書の作成※2 | | 1 | |
| | | 確認書に記載する支援内容の決定 | | |
| | ④申請書の作成 | | 10〜20 | |
| | | 選考ポイントの整理 | | |
| | | 申請書の作成／レビュー | | |
| | | 添付書類の確認 | | |

| | | | | |
|---|---|---|---|---|
| | ⑤申請手続き | | 3 | |
| | | 必要書類のセッティング | | |
| | | 電子申請のフォロー | | |
| 2 | 補助事業期間中の支援 | | 5 | |
| | ①経理処理等の助言 | | 3 | |
| | | 費目、計上基準、範囲、期間、支払方法の確認 | | |
| | | 必要書類の整理指導 | | |
| | | 固定資産台帳の作成 | | |
| | ②補助金手続きの対応 | | 2 | |
| | | 交付申請手続きのフォロー | | |
| | | 計画変更承認手続きのフォロー | 未定 | 変更がある場合のみ |
| 3 | 補助事業終了後のフォローアップ | | 40 | |
| | ①補助金手続きの対応 | | 40 | |
| | | 完了報告手続きのフォロー | 15 | 15時間と仮定 |
| | | 処分制限財産の管理のフォロー | 未定 | 処分がある場合のみ |
| | | 収益状況報告（5年間）のフォロー | 25 | 5時間×5回＝25時間と仮定 |
| | 合計 | | 64 | |

※1　「事業再構築補助金」の支援においては必須ですが、その他の補助金の場合は認定支援機関に登録しなくても支援を行うことは可能です。

※2　「事業再構築補助金」の場合、認定支援機関による確認書の作成が必要となります。

## （3）補助金支援業務に必要なリソースとスキル

　さて、最も支援業務が多いパターンの補助金支援業務フローで補助金支援業務の全体を見てみましたが、実際には1②事業計画策定、1③確認書の作成、1④申請書の作成に限定された依頼が多くなることと思います。その理由は、補助金手続きの中で最も重要でかつ最も難しいのが、採択される申請書を作成することだからです。

　原則として申請書の記載内容のみで採択・不採択が決まります。したがって、複雑な申請書を一点の不備もなく作成しなければなりませんし、また、申請書作成に先立って具体的かつ実現可能性の高い事業計画を策定し、それを審査員が一読したときにしっかりと伝わる申請書に仕上げなければなりません。日頃から事業計画を策定し慣れている企業であればさほど苦ではないことと思いますが、大抵の中小企業は支援を必要とすると思われます。

　では、補助金支援業務に取り組む際に、どのようなリソースやスキルが必要になるでしょうか。補助金支援業務には、情報力、計画力、プレゼン力が必要であると考えます。

　情報力とは、補助金の情報を適宜入手・理解し、一方で中小企業の投資等の情報を入手し、それらを結びつける（マッチングする）ことです。情報収集については、「Ａ2　情報収集のポイント」を参照してください。

　計画力とは、事業計画や資金計画の策定を支援すること、さらに、補助金制度を有効に活用するためにいつ設備投資を行うべきか、資金調達をどのようにすべきか等のスケジューリングを行うことです。計画策定については、「Ｃ　事業計画」を参照してください。

プレゼン力とは、申請書上で審査委員に対して必要十分なプレゼンテーションをして、採択されるレベルに達するものを作成できることです。また、補助金の活用についてクライアントへ提案や説明ができ、補助金支援業務を獲得するためのプレゼン力も大切です。審査員へのプレゼンテーションについては「D　申請書」を、クライアントへのプレゼンテーションについては「B3　クライアントへの補助金提案力」を参照してください。

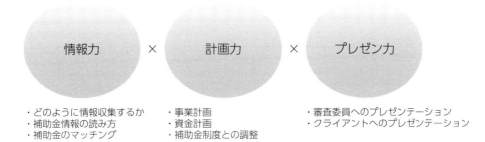

情報力 × 計画力 × プレゼン力

・どのように情報収集するか　　・事業計画　　　　　　　・審査委員へのプレゼンテーション
・補助金情報の読み方　　　　　・資金計画　　　　　　　・クライアントへのプレゼンテーション
・補助金のマッチング　　　　　・補助金制度との調整

結局、会計事務所において補助金支援業務に取り組む場合には、特別なリソースやスキルを追加的に準備する必要はないと考えます。なぜなら、会計事務所は、一定レベル以上の補助金の申請書を作成する力はすでに持ち合わせているものと思われるからです。会計事務所では、日頃から決算書等の財務資料を取り扱っていますし、事業計画の相談や資金繰りの相談もこなしています≪計画力≫。また、複雑かつ流動的な税制を常にキャッチアップし≪情報力≫、書類をまとめる能力も日々磨かれている≪プレゼン力≫といえます。普段、税務・会計に向けている視点を、補助金に切り替えればいいだけなのです。

## ✔チェックポイント！

■補助金の利用には難所が多い➡提案や支援のニーズあり。

■補助金支援業務とは、情報提供、申請書作成や諸手続きの支援等。

■会計事務所での申請書作成支援の報酬例：10％前後の成功報酬

■補助金支援業務に必要な力＝「情報力」×「計画力」×「プレゼン力」

# B₂ 認定支援機関の役割

　平成25年度の税制改正により、特定中小企業者等が経営改善設備を取得した場合の特別償却または特別控除の制度が創設され、認定支援機関による指導及び助言が必要ということになりました。これがきっかけで認定支援機関を知り、申請手続きをした税理士の方も少なくないと思います。その後も認定支援機関は、いくつかの特別償却または税額控除のための指導及び助言や、補助金申請時の確認書作成、経営改善計画策定の補助金といった中小企業向け施策の一翼を担っています。

　補助金制度に関連しては、事業再構築補助金の申請にあたって、認定支援機関による確認書が必須要件とされています。したがって認定支援機関である場合には、クライアント等から確認書の作成だけを依頼されることもあると思います。そこで、確認書とはどのようなものか、どのような点に留意が必要かを検討します。

## （1）認定支援機関とは

　認定支援機関とは、経営革新等支援機関として国から認定を受けた機関（個人、法人、中小企業支援機関等）のことで、金融機関や会計事務所等、全国に39,453機関（令和5年8月1日現在）あります。

　近年、中小企業をめぐる経営課題が多様化・複雑化する中、中小企業支援を行う支援事業の担い手の多様化・活性化を図るため、平成24年8月に「中小企業経営力強化支援法」[2]が施行されました。この中で、中小企業に対して専門性の高い支援事業を行う経営革新等支援機関を認定する制度が創設され、税務、金融及び企業財務に関する専門的知識や支援にかかる実務経験が一定レベル以上の個人、法人、中小企業支援機関等を、経営革新等支援機関として認定することにより、中小企業に対して専門性の高い支援を行うための体制整備が行われています。

　中小企業経営力強化支援法の施行以前より、会計事務所は中小企業の専門的かつ身近な相談先となっていました。このため、本制度においては、会計事務所は原則として申請を行う[3]のみで認定を受けることができるようになっています。

---

2　中小企業の海外における商品の需要の開拓の促進等のための中小企業の新たな事業活動の促進に関する法律等の一部を改正する法律（平成24年法律第44号）
3　中小企業庁HP「認定経営革新等支援機関　電子申請システム」https://www.ninteishien.go.jp

■認定支援機関等の関与を要件とする中小企業支援施策例

「認定支援機関による経営改善計画策定支援」

> 金融支援等を必要とする中小企業・小規模事業者が、認定支援機関の助けを得て実施する経営改善計画の策定をする場合、上限200万円の支援があります。

「中小企業経営力基盤支援事業（経営力強化保証）」

> 中小企業・小規模事業者が、認定支援機関による支援のもと、事業計画の策定などの経営改善に取り組む場合に、信用保証協会の保証料が0.2％減免されます。

「中小企業経営力強化資金融資事業」

> 認定支援機関による支援のもと、創業または経営多角化・事業転換等による新たな事業活動への挑戦を行う中小企業・小規模事業者に対して、日本政策金融公庫が融資を行う場合、基準利率から0.4％減免されます。

■認定を受けた場合のメリット

・認定支援機関等の関与を要件とする各種の中小企業支援施策の対応ができます。
・ものづくり補助金等の申請支援（確認書の作成）ができます。
・認定支援機関の確認書が必須の税額控除制度に対応できます。
・認定支援機関名簿に掲載されます。
・認定支援機関向けのメールマガジン等で中小企業への国の支援情報を得ることができます。
・中小企業支援の各種マニュアル、様式を入手できます。

## （2）認定支援機関通報制度

　中小企業庁は、認定支援機関の監視・監督を行います。その一環として、認定支援機関の適正性を確保するための報告窓口[4]が設置され、以下のような場合が報告の対象とされています。

---

4 中小企業庁HP「認定経営革新等支援機関に関する報告窓口について」
http://www.chusho.meti.go.jp/keiei/kakushin/nintei/houkoku.htm

**■報告対象行為としての例示**

・認定支援機関が、刑法（詐欺等）、弁護士法（非弁行為）その他の法令に違反している。

・認定支援機関が、基本方針に不適合である（名前貸し業務や単なる窓口業務、申請代行等の形骸化した支援業務を行っている場合等）。

・国の予算や税制に基づく認定支援機関の支援業務の内容が、これらの制度に照らして不適正である（事業計画への虚偽記載、事実の隠蔽等にかかる教唆・指示等）。

・支援業務に関する請求対価が、実費から著しく乖離している。

・支援業務に関する契約内容（金額、条件等）が不透明である。

・認定支援機関が、支援業務に関し、中小企業・小規模事業者、他の認定支援機関等に対して強引な働きかけを行っている。

　平成25年11月には中小企業庁及び金融庁から認定支援機関に向けて、不適切行為を防止するための文書[5]が公表され、この中で補助金申請に関与した場合の報酬について言及されています。中小企業庁の担当窓口にこの趣旨を問い合わせたところ、「これは成功報酬そのものを否定するものではなく、国としてはあくまで民間の取引には介入しないという立場ではあるが、認定支援機関の監督責任として認定支援機関と申請者との間でトラブルが起きないよう注意喚起をしている」という回答がありました。

**■不適切な行為としての例示**

・補助金申請に関与する際に、作業等にかかる費用等と乖離した成功報酬等の費用を中小企業・小規模事業者等に請求すること

・認定支援機関であることを示しながら、補助金申請代行等のPRや営業活動を行うこと

・支援業務の実施に際して、金額・条件等の不透明な契約を締結すること

・支援業務の実施に際して、中小企業・小規模事業者等や関係機関等に対し、強引な働きかけを行うこと

## （3）確認書の作成を依頼されたら

　事業再構築補助金においては、申請者が補助金の利用を円滑に行うことができるようにするため、また、採択後の補助事業の適正な遂行が担保されるようにするため、認定支援機関による支援が申請の必須要件となっています。

　もし確認書の作成を引き受けたならば、事業計画の策定の段階から相談に応じ、申請

---

5「認定支援機関による不適切行為防止について」http://www.chusho.meti.go.jp/keiei/kakushin/2013/131127Nintei.pdf

に間に合うように申請者に確認書を渡す必要があります。

　さらに、その申請が採択された場合、当該事業者が本事業を円滑に実施できるよう事業実施期間中その支援に責任を持って取り組み、円滑に事業が終了し事業化できるよう、事業者のニーズを踏まえ、事業化状況報告期間の最終報告まで一貫して支援することが求められます。

## （4）確認書の記載例

　以下は、事業再構築補助金の申請時に添付書類として提出する認定支援機関による確認書のひな型です。なお、認定支援機関による確認書は、年度によって形式が異なる場合がありますのでご留意ください。

| 認定経営革新等支援機関向け | 様式１－１ |
|---|---|

年　月　日

事業再構築補助金事務局御中

認定経営革新等支援機関名を記入
※事業者名は記入しない

住　　所
名　　称
代表者役職
代表者氏名

「中小企業等事業再構築促進事業」に係る認定経営革新等支援機関による確認書

申請する法人・個人事業主を記入

記

事業者名　：●●●株式会社
事業計画名：■■■■■■■■■■

　上記の事業計画の策定に協力を行い、内容は経済産業省が定める事業再構築指針に沿った取組であり、成果目標の達成が見込まれることを確認しました。

認定経営革新等支援機関の
担当者について記入
※ＩＤ等を間違えないように注意

担当者名　：
所属部署　：
電話番号　：
担当者メールアドレス：

認定経営革新等支援機関ＩＤ番号

| | | | | | | | | | | |
|---|---|---|---|---|---|---|---|---|---|---|

※代表者氏名欄に記入する氏名は、記載する認定経営革新等支援機関の内部規程等により判断してください。
※認定経営革新等支援機関ＩＤ番号については、公募要領「認定支援機関要件」も参照の上、認定経営革新等支援機関自らによって記載してください。なお、各経済産業局ホームページにＩＤ番号の記載がない場合は、認定を受けた各経済産業局にお問い合わせください。また、認定経営革新等支援機関の名称については、各経済産業局ホームページに記載されているものと一致させるようご留意ください。
※本確認書は、融資の確約を前提としたものではありません。

（1）事業再構築による成果目標の達成が見込まれると判断する理由

| 事業再構築による成果が見込まれると判断する理由 | 事業計画書に対する助言や改善提案を行った内容等があれば記載してください |
|---|---|
| | |

※事業計画の客観的な評価がある場合（技術や手法等について、公的機関又はこれに準ずる機関等からの技術評価やビジネス評価を受けている場合、中小企業の新たな事業活動の促進に関する法律に基づく経営革新の承認を受けている場合等）には、その内容も含めて記載してください。

（2）支援計画

| 支援計画（予定） |
|---|
| |

※認定経営革新等支援機関におかれましては、申請事業者が、補助事業を円滑に遂行できるよう、必要に応じて事業実施の支援をお願いいたします。すでに支援の計画がある場合は、その内容を記載してください。
※事業計画期間中、事務局が事業化状況報告書等の内容を基に、認定経営革新等支援機関の支援状況やフォローアップ状況等を調査し、その結果を公表する場合があります。

☐　補助金額が 3,000 万円を超える事業計画は、別途「金融機関による確認書」が必要となります。
　　金融機関が認定経営革新等支援機関を兼ねる場合は、左のチェックボックスに✔を入れることで、「金融機関による確認書」の提出を省略することができます。

2

# ✔チェックポイント!

■ 認定支援機関には、補助金支援者としての期待が寄せられている。

■ 税理士は、原則として書類による申請だけで認定支援機関に登録可能。

■ 認定支援機関としての行為は、中小企業庁による監視・監督を受ける。

■ 事業再構築補助金で確認書を作成できるのは認定支援機関だけ。

■ 確認書の作成時は、事業再構築にかかる事業計画の妥当性、実現可能性等を強調して、採択に貢献するよう心がける。

# B₃ クライアントへの補助金提案力

　ここでは、会計事務所のクライアントに対して補助金を提案し、申請支援を行うことを想定しています。補助金の提案は、クライアントに喜んでいただきたい、何かお役に立ちたい、そんな素朴な気持ちからスタートするのかもしれません。

　クライアントに合った補助金をタイムリーに提案することができればクライアントにとって喜ばしいことであると同時に、国や地方自治体の財源たる補助金を適材適所に行きわたらせるという社会的役割を果たすことにもなります。さらに、提案した補助金が採択されて会計事務所として成功報酬を受け取ることもできるのであれば三方よしの結果を得ることになります。

## （1）補助金提案力

　クライアントに対して積極的に補助金情報の提供を行い、補助金支援業務を獲得しようとするのであれば、例えば下記のポイントを意識していただきたいと思います。

**会計事務所に期待される補助金提案力**

・補助金制度についての基本的な知識がある
・提案する個別の補助金についての知識がある
・クライアントの事業計画に合った補助金を提案できる
・クライアントに合わせて申請手順の計画を立て、遂行できる

### ■補助金制度についての基本的な知識がある

　補助金の申請支援までを視野に入れて補助金の提案を行うのであれば、まずは補助金制度の仕組み、基本ルールを理解し、補助金を利用することのメリット及びデメリットを説明できる必要があるでしょう。

　以下にクライアントからよくある質問と回答例をご紹介します。

Q「補助金とは何ですか？」
　A「一定の政策の一環で、企業が国等から交付されるお金のことです。」

Q 「補助金は返さなくていいお金なのですか?」

　A 「原則として、返さなくていいものですが、補助金を使って事業を遂行し一定以上の利益が出た場合には、交付された補助金額を上限として返す場合等があります。」

Q 「当社でも補助金の交付を受けることはできますか?」

　A 「補助金にはさまざまな種類があり、条件の合った補助金が見つかれば誰でも申請することができます。ただし、実際に補助金が交付されるのは、審査の結果、採択された場合のみですので、申請すれば必ず交付されるというものではありません。」

Q 「補助金の採択率はどれくらいですか?」

　A 「大体の採択数は国の予算によってあらかじめ決まっています。それに対して申請が何件程度あるかによって採択率が出ますので、申請の締め切りまで採択率はわかりません。ただ、過去に実施された補助金の採択率が発表されていますので参考になると思います。例えばものづくり補助金の平均採択率は約41%、小規模事業者持続化補助金の平均採択率は約63%でした。」

Q 「補助金の交付を受けるためには、どのような手続きをするのですか?」

　A 「まずは申請手続きを行います。審査の結果、採択された場合には、交付申請手続き、補助事業の実施、完了報告手続きへと進み、その後で補助金の交付を受けることができます。また、補助金の受領後5年間は収益状況報告の手続き等があります。不採択の場合には、申請手続きの後に追加の手続きはありません。」

Q 「すでに購入した機械装置△△について、補助金の申請はできませんか?」

　A 「補助金の対象となるためには、原則として購入前に申請し、採択され、補助対象期間中に購入する必要があります。すでに購入された機械装置△△については、残念ながら補助金の申請をすることはできません。」[6]

Q 「補助金の交付を受けたら、設備○○を導入したいと思います。」

　A 「補助金は、設備○○を導入した後に交付されるものです。導入時に必要な資金は別に調達する必要があります。」

---

6　補助金によっては、事前着手について申請、承認を受けることで、すでに購入した設備等について補助金申請を行うことができるものもあります。

## ■提案する個別の補助金についての知識がある

クライアントに提案する個別の補助金の内容について、公募要領やQ&A等を読んで理解しておく必要があります。

以下にクライアントからよくある質問をご紹介します。回答は個々の補助金によって異なりますのでここでは省略させていただきますが、補助金を提案する前に必ず回答を準備しておいてください。

Q「当社が取り組む予定の○○事業は補助対象になりますか？」
Q「×××のための経費は補助対象になりますか？」
Q「補助対象期間はいつからいつまでですか？」

## ■クライアントの事業計画に合った補助金を提案できる

クライアントの今後の事業展開についてヒアリングしながら、活用できそうな補助金を1種類〜数種類ほど選んで、提案できるとよいでしょう。

補助金の対象となるのは、補助対象事業者が行う補助対象事業で、補助対象経費を補助対象期間内に使う場合のみですので、提案に先立って、少なくともこの4点がクリアできることを確認してください。

## ■クライアントに合わせて申請計画を立て、遂行できる

採択されるレベルのしっかりと練られた申請書を作成するためには、クライアントと会計事務所とのスムーズなキャッチボールと、深い議論が大切となります。このため、クライアントの事業計画や申請書類を作成する能力に応じて必要な支援を行いながら、期日までに申請書を完成できるように申請計画を立て、協力体制を築いてください。

以下に申請計画を例示しています。申請までの工程ごとに、それぞれ担当者と期日を定めています。会社が担当する「具体的な事業内容の整理」「選考ポイントの整理」では、あらかじめ質問事項等をまとめて依頼し、効率的に申請書に記載すべき情報を収集するといいでしょう。なお、質問事項等をまとめたもの（「事業骨格シート」「ストーリーシート」「ポイントシート」）は「C　事業計画」「D　申請書」でご紹介します。

### ●補助金申請計画例

| 工程 | | 担当 | 期日 | 備考 |
|---|---|---|---|---|
| ①情報提供 | | | | |
| | 補助金の提案 | 会計事務所 | 20XX/XX/XX | |
| | 補助金のルール、留意点の説明 | 会計事務所 | 20XX/XX/XX | |
| | 契約 | | 20XX/XX/XX | |

| ②事業計画策定 | | | |
|---|---|---|---|
| 　全体構想の整理 | 会社 | 20XX/XX/XX | 大まかな申請内容を共有する |
| 　具体的な事業内容の整理 | 会社 | 20XX/XX/XX | 「事業骨格シート」「ストーリーシート」等の活用 |
| 　数値計画の策定 | 会社 | 20XX/XX/XX | |
| 　応募要件との整合性等の確認 | 会計事務所 | 20XX/XX/XX | |
| ③確認書の作成 | | | |
| 　確認書に記載する支援内容の決定 | 会計事務所 | 20XX/XX/XX | |
| ④申請書の作成 | | | |
| 　選考ポイントの整理 | 会社 | 20XX/XX/XX | 「ポイントシート」等の活用 |
| 　申請書の作成 | 会計事務所 | 20XX/XX/XX | |
| 　申請書のレビュー | 会社 | 20XX/XX/XX | |
| 　添付書類の準備 | 会社 | 20XX/XX/XX | |
| 　添付書類の確認 | 会計事務所 | 20XX/XX/XX | |
| ⑤申請手続き | | | |
| 　必要書類のセッティング | 会計事務所 | 20XX/XX/XX | |
| 　郵送による提出／電子申請 | 会計事務所 | 20XX/XX/XX | |
| | | | |

## （2）経営者の視点での補助金のメリット

　補助金の提案をするときには、経営者の視点でどのようなメリットがあるのかを説明する必要があります。


**補助金のメリット**

> ・資金負担の軽減ができる
> ・投資リスクの軽減ができる
> ・（負債と比べて）原則として返済や利子負担がない
> ・（資本と比べて）経営関与がない
> ・会社や事業の信頼度の向上が期待できる
> ・自信、やる気につながる


### ■資金負担の軽減ができる

　原則として返済を要しない事業資金の調達ができます。

　補助金の受領により、財務内容を改善することも、あるいはさらなる投資を行って競争力を強化することも可能です。


### ■投資リスクの軽減ができる

　投資の失敗があったとしても、その一部が補助金で賄われるのであれば投資リスクは

軽減されることになります。

## ■（負債と比べて）原則として返済や利子負担がない

金融機関等からの資金調達では、当然、その後の返済と利子負担の義務があります。

一方、補助金は、原則として返済や利子負担の義務はありません。

## ■（資本と比べて）経営関与がない

一般的に返済不要の事業資金の調達は、資本の払込みによることとなりますが、この場合には原則として資本参加をする者の経営関与も付随してきます。

一方、補助金は、返済不要の事業資金の調達にもかかわらず、経営関与は生じません。

## ■会社や事業の信頼度の向上が期待できる

補助金が採択されることにより、従業員や取引先、あるいは金融機関等に対してその企業や取り組む事業の信頼度が上がることが期待できます。

## ■自信、やる気につながる

経営者自身にとっても自社の取組みの社会的意義が認められたという自信につながるといった効果が期待できます。

## （3）経営者の視点での補助金のデメリット

補助金の提案をするときには、経営者の視点でどのようなデメリットがあるのかについても説明する必要があります。

補助金のルールは、補助金の適正な運用を目的としますので、補助金を活用しようとする経営者にとっては足かせに感じるものもあるかもしれません。初めて補助金の利用を検討している経営者に対しては、特にデメリットの説明が重要になるでしょう。補助金を利用することで事業遂行に大きな支障を来すような可能性がある場合には、補助金を利用せずに金融機関からの資金調達の方がいいということもあり得ます。

補助金のデメリット

> ・補助金受領後 5 年間は報告義務があり、収益納付の可能性もある
> ・補助金の入金時期、金額のコントロールができない
> ・補助事業期間が定められている
> ・補助対象経費の変更等に各補助金事務局の承認が必要になる
> ・書類の作成・管理が煩雑である

### ■補助金受領後 5 年間は報告義務があり、収益納付の可能性もある

　補助金受領後 5 年間は、補助事業の収益状況を報告する義務があります。報告の中で一定以上の収益が認められる場合、交付された補助金額を上限として補助金を返還しなければならなくなります。

　5 年間の事業計画を検討し、明らかに全額を返還しなければならない場合等には、補助金を利用しないという結論になるかもしれません。

### ■補助金の入金時期、入金額のコントロールができない

　採択時に大まかな入金時期（○年○月以降に入金される）や入金額（最大で○○円）は把握できますが、これはあくまでベストシナリオに基づく入金予定です。実際の経過によっては、より遅く、より少額になるリスクがあり、最悪の場合、補助金が交付されないこともあります。

　資金繰り計画上、補助金は大きな不安要素となります。最悪の事態を想定し、あらかじめ金融機関等から余裕を持った資金調達を行うことが望ましいといえます。

### ■補助事業期間が定められている

　原則として補助事業期間内にすべての補助対象経費の発注、納品、支払い等をしなければならないので、個々の事情によるベストタイミングでの投資ができない可能性があります。

　例えば販路拡大のための展示会出展費用が補助対象となっていた場合でも、補助事業期間内に目当ての展示会が行われないのであれば、補助対象経費として使うことができません。

　また、うっかり補助事業期間前に発注してしまった、あるいは補助事業期間中に納品が間に合わなくなった、補助事業期間後に支払いをしてしまった等の場合には、その経費が補助対象でなくなってしまいますので要注意です。

■補助対象経費の変更等に各補助金事務局の承認が必要になる

補助対象経費の変更等の際には事務局の承認が必要になるケースがあり、事業の進捗に対応した軌道修正ができない可能性があります。

例えば従業員を雇うことを想定して人件費を申請していた場合で、実際には派遣スタッフに変更しようと思ったとき、費目の変更となるので承認を得る必要が生じてきます。変更内容によっては承認されない、すなわち補助対象とならなくなる可能性もあります。

■書類の作成・管理が煩雑である

補助金はその原資が税金であるため、事務局や会計検査院による調査の可能性があり、書類の作成・保管のルールが一般的な会社経理のルールよりも細かく煩雑です。事後的に書類の不備等が発見された場合、該当の補助金の返還を求められる可能性があります。

# ✓チェックポイント!

■ 適切な補助金提案は、国、クライアント、会計事務所の三方によし！

■ 提案には、補助金の知識、事業計画との適合、申請計画立案が必要。

■ 提案の際には、補助金制度のデメリットの説明もしっかりと。

補助金受領後 5 年間は報告義務があり、収益納付の可能性もある。
補助金の入金時期、金額のコントロールができない。
補助事業期間が定められている。
補助対象経費の変更等に各補助金事務局の承認が必要になる。
書類の作成・管理が煩雑である。

補助金申請支援にかかる契約例

補助金申請支援業務は、通常の会計事務所の業務と比べると、成果物である申請書に対して採択・不採択の結果が伴うこと、1社に対して繰り返し行う業務ではないこと等の相違点があります。このため、補助金支援業務に取り組む場合には、日頃の業務の感覚と同じままではトラブルやクレームに見舞われるリスクがあります。

そこで、新規のクライアントの場合はもちろん、旧知のクライアントであっても必ず事前に補助金申請支援にかかる契約書を作成されることをおすすめします。

また、契約の締結と同時に、特に申請者の理解しづらいであろう点、理解していないと後々重大な事態になると思われる点をクライアントに確認、了承してもらう過程を設けることで、よりトラブルを軽減することが期待できます。

以下の契約書と確認事項の例は、さまざまなトラブル事例の教訓を生かして、弁護士の助言の下に完成したものです。皆さまの業務の一助となればと思い、ご紹介します。

## （1）補助金申請支援業務委任契約書の一例

補助金申請についての最初の打合せでは、補助金のルールや留意点について説明し理解を得たうえで、補助金の申請を決定します。その後、実際に申請支援業務に着手する前に、クライアントと書面による契約を締結します。これにより、補助金支援業務の範囲や報酬が明確化され、後日のトラブルリスクを軽減することができます。

---

### 補助金申請支援業務委任契約書

依頼者＿＿＿＿＿＿（以下、「甲」という）と、中小企業等経営強化法第31条第1項の規定に基づき国が認定した認定経営革新等支援機関である受任者＿＿＿＿＿＿（以下、「乙」という）とは、補助金申請支援業務について下記のとおり契約を締結する。

第1条（目的）
本委任契約は、以下に示す補助金を対象として（以下、「対象補助金という」）、甲が対象補助金の交付を受けられるべく、乙が認定経営革新等支援機関としてこれの申請手続きの支援及び手続きを代行することを目的とする。

令和●年度　○○○○補助金

第2条（受任の範囲）

---

甲が乙に対して依頼し乙が受任する業務の範囲（以下、「本業務」という）は以下のとおりとする。

（1）　申請の対象となる甲の事業の事業計画書策定の支援

　　　乙は、補助金申請の対象となる甲の事業について、甲から書類または口頭で説明を受け、補助金申請に適合する形式の事業計画書の策定・作成を支援する。

（2）　認定支援機関確認書の作成

　　　乙は、補助金の申請に必要な事項の確認を行い、認定支援機関確認書を作成する。

（3）　補助金申請書の作成及び申請

　　　乙は、甲の補助金申請書の作成及び申請を代行する。ただし、申請書、事業計画書、認定支援機関確認書以外の添付書類については、甲が乙に事前に提供しなければならない。

## 第3条（資料の作成・提供等）

（1）　甲は、本業務に対して主体的に協力する義務があることを理解し、本業務の遂行に必要な説明、書類、記録その他の資料（以下、「資料等」という）を、乙の求めに応じ、遅滞なく、十分な時間的余裕を持って乙に提供しなければならない。

（2）　資料等の不足、不備、提供の遅滞、内容の誤り・虚偽等に起因するすべての不利益について、乙は一切の責任を負わないものとする。

（3）　補助金の交付決定の結果について、甲は、乙に対し、採択日から1週間以内に、結果通知書の写しを提供して報告するものとする。

## 第4条（結果の非保証）

乙は、本業務による補助金の交付の結果を保証するものではなく、申請した補助金が不採択となり、甲が補助金の交付を受けられなかった場合であっても、乙は一切の責任を負わない。

## 第5条（報酬）

1　甲は、乙に対し、本業務の報酬として次の金額を支払う。消費税は別途加算する。

（1）　着手金　　　●●●●●円

（2）　成功報酬　　補助金交付希望額×●●％

　　　なお、補助金交付希望額とは、申請書類××の××をいう。

　　　成功報酬は、申請した補助金が採択された場合に生じるものとする。

（3）　実費

　　　申請手続きに必要な実費は甲の負担とし、乙が立替払いを行った場合には乙は

甲に同額を請求する。

2 本契約締結後は、甲の都合により補助金申請を中止することとなった場合、故意過失を問わず甲の説明に誤りがあったことにより着手後に甲の事業が補助金申請要件を満たさないものであることが発覚した場合、補助金申請が不採択となった場合、その他いかなる場合であっても甲は着手金の支払義務を免れず、また着手金の返金は一切行わない。ただし、乙の責めに帰すべき事由により申請書の提出に至らなかった場合はこの限りでない。

## 第6条（報酬の支払時期及び支払方法）

（1） 着手金の支払いは、本契約締結後3日以内に下記口座に振り込んで支払う。

（2） 成功報酬の支払いは、採択日後1週間以内に下記口座に振り込んで支払う。

〔振込み口座の表示〕

　　　銀行名　　＝＝＝＝＝＝

　　　支店名　　＝＝＝＝＝＝

　　　口座番号　＝＝＝＝＝＝

　　　口座名義　＝＝＝＝＝＝

## 第7条（本業務処理の中止等）

1 甲が着手金または実費等の支払いを遅滞したとき、乙の求めにもかかわらず甲からの本業務に対する誠実なる協力が得られないものと乙が判断したときは、乙は本業務等の処理に着手せず、またはその処理をいつでも中止することができる。

2 前項の場合には、乙は速やかに甲にその旨を通知するものとする。

## 第8条（機密の保持）

甲及び乙は、本契約による業務の遂行により知り得た双方の業務に関する機密及び情報等を本契約の目的以外に使用してはならず、また第三者に対して開示してはならない。

## 第9条（オプション事項）

対象補助金に関連し、甲が希望する本業務以外の業務を、甲は乙に委任することができる。かかる場合において、甲は、乙に対し、以下のとおり別途報酬を支払うものとする。なお、かかる業務については不都合ない限り本契約書の規定が適用されるものとする。

　　　（参考）交付申請業務　●●●●●円

　　　　　　　完了報告業務　●●●●●円

## 第10条（協議事項）

本契約に定めのない事項につき疑義が生じた場合または本契約の内容につき変更の必要が生じた場合には、その都度甲、乙が誠意を持って協議し解決する。

本契約の成立を証するため本契約書を2通作成し、甲乙それぞれ署名捺印の上、各1通を保管するものとする。

令和　　年　　月　　日

　　　　甲（依頼者）

　　　　乙（受任者）

## ■補助金申請支援業務委任契約書

委任契約としています。

## ■第1条（目的）

申請の対象となる補助金の年度と名称を明記しておきます。特に、打合せ段階で複数の補助金候補があった場合に重要となります。

## ■第2条（受任の範囲）

受任の範囲については、①どの業務を会計事務所が行い、どの業務を会社が行うのかという業務分担の範囲、②いつからいつまでの業務を行うのかという時間軸的な範囲の2つの視点を意識して明記してください。

添付書類の中の開業届、廃業届、決算申告書、特定非営利活動法人の計算書類等は税務関係書類であることから、作成の依頼を受ける可能性もありますが、これらについては本契約における受任の範囲外であることを明らかにしておくといいでしょう。

## ■第3条（資料の作成・提供等）

会社の主体的な協力義務を明記しています。

また、申請が採択された場合に成功報酬が生じるため、採択結果の確認をするための通知書の提供義務を明記しています。

## ■第4条（結果の非保証）

不採択の場合の責任を負わない旨を明記しています。

■第５条（報酬）

　この例では、報酬は、着手金、成功報酬、実費としています。

　成功報酬の基準となる金額は、補助金交付希望額としています。実際の補助金の交付額はその後の手続きの経過によって減額されるリスクがありますが、当該リスクは申請者が負うべきであり、採択の成功報酬には影響がないとの考え方に基づいています。

　なお、報酬に関して、認定支援機関による業務の適正性を確保するため中小企業庁では報告窓口が設けられており、下記の場合が報告の対象とされていますのでご留意ください。

・支援業務に関する請求対価が、実費から著しく乖離している場合

・支援業務に関する契約内容（金額、条件等）が不透明である場合


■第６条（報酬の支払時期及び支払方法）

　着手金は、速やかに業務に取り掛かるために、３日以内としています。


■第７条（本業務処理の中止等）

　会社の誠実な協力がない場合は、会計事務所は業務を中止することができます。


■第９条（オプション事項）

　ここに採択後の業務やその報酬額を記載することで、それが本契約の受任の範囲外であることが明確になります。

　補助対象経費の謝金になる余地を残しておくという意味では、ここはあくまで報酬の見積り[7]として記載するにとどめ、その業務を受けるか否かについては言及しない方がいいでしょう。


## （２）補助金申請支援業務にかかる確認事項の一例

　契約の締結と同時に、補助金申請支援業務にかかる確認を書面で行います。これは、補助金制度や契約について特に申請者の理解しづらいであろう点、理解していないと後々重大な事態になると思われる点をまとめた書面で、依頼者である申請者が確認をして受任者である支援者に提出する形式となっています。

---

7　補助対象となるためには、補助対象期間中に契約をする必要があります。ただし、見積書の入手は補助対象期間の前に行うことができます。

認定経営革新等支援機関

_____ 殿

## 補助金申請支援業務にかかる確認事項

　私は、貴殿に補助金申請支援業務を委任するにあたり、補助金制度及び補助金申請支援業務について下記のとおり確認しました。

記

≪前提≫

1．私が申請を希望している補助金は以下のものです。

| 令和●年度　　○○○○補助金（第△回） |
| --- |

2．この度の申請は、補助金を不正に受給することを目的とする申請ではありません。

3．貴殿に提供した私の過去に関する情報はすべて真実なものであり、将来に関する情報はこれから真に取り組むものであり、貴殿に対し虚偽を述べることはいたしません。

4．私は暴力団等の反社会的勢力ではなく、また、これらの者とは何らの関係もありません。

5．補助金の申請支援を貴殿に依頼した場合でも、補助金の申請には私が主体的に貴殿と協力することが必要であり、必要な情報や資料を期限までに貴殿に提供する必要があることや、私と貴殿との役割分担が必要であることを理解しています。

≪補助金制度の理解≫

6．貴殿に補助金申請の支援を依頼しても、申請が不採択となり補助金の交付が受けられない可能性があることを理解しております。

7．採択された後であっても必ずしも私の希望する補助金の全額の受給ができない可能性があることを理解しております。

8．採択通知を受領した後であっても、交付決定日以降に発注・発生した経費でなければ補助の対象にならないことを理解しております。

9．補助金を受給した後であっても、収益納付が必要となる可能性があること、また、規定違反等の場合には補助金の返還の可能性があることを理解しております。

10. 補助金を受給した後、5年間の事業化等状況報告義務があることを理解しております。

11. 受給した補助金には税金がかかることを理解しております。

12. 募集要項その他の申請者向け書類のすべてに目を通し、内容を理解しております。

≪事業計画の策定について≫

13. 事業計画を策定して実施するのは私であり、ビジネスアイディアの創造やその実現方法の検討、市場分析等を行うべき主体は私であることを理解しております。

14. 金融機関から事業計画どおりの融資が実行されなかった場合であっても、貴殿に対して一切の責任を問いません。

≪補助金申請支援業にかかる契約について≫

15. 貴殿による申請支援業務の着手後に私の都合により申請を断念する場合であっても、貴殿にお支払いした着手金の返金を求めません。

16. 貴殿に依頼する申請支援業務の業務範囲は補助金の申請書の提出までであることを確認し、補助金の受給または5年間の事業化等報告書作成支援までのすべての手続きに関わる支援ではないことを承知しております。

17. 貴殿に支援を依頼した補助金の申請が不採択となり、または補助金の交付が受けられなかった場合であっても、貴殿に対して一切の責任を問うことなく、また、着手金の返還を求めません。

令和　　年　　月　　日

　　　　　　　　　　　　住所
　　　　　　　　　　　　名称
　　　　　　　　　　　　　　　　　　　　　　　印

## チェックポイント!

■ 事前の説明と契約締結で、後日のトラブル、クレームを軽減。

■ 申請支援の着手前に、必ずクライアントと書面による契約を締結。

■ 契約では、受任する業務の範囲や報酬の額または計算方法を明確に。

■ 会社の協力義務条項、協力がない場合の業務中止条項を明記。

■ 不採択の場合に責任を負わない旨を明記。

■ 特に重要な点は契約締結と同時に書面による確認を行って注意喚起。

# B5 トラブル事例と回避策

　補助金支援業務においては、細心の注意を払っていても、トラブルやクレームをなくすことは難しいと思います。最大の原因は、成果物である申請書に対して不採択という結果があり得ることです。補助金申請をするときには、経営者は補助金へ大きな期待を寄せ、事業計画を策定し、取引先との打合せを進めていますので、これが不採択になったときのショックはとても大きいものになります。このような場合でも、できるだけ経営者の側に立って支えることができるよう、信頼関係をしっかりと築いておきたいものです。

　ここからは、補助金支援業務を行ううえで起こり得るトラブルとその回避策についてご紹介していきます。

## （1）申請に至らなかった場合のトラブル

### ■事例1

　A社は卸売業を営んでおり、現在、仕入先から販売先まで一括管理ができる新しいシステムの導入を検討していました。ちょうど、ものづくり補助金でシステム導入費用が補助対象となりそうだということがわかり、補助金の申請手続きについて会計事務所に相談をしました。

> **A社**　「新しいシステムを導入するにあたって、ものづくり補助金を利用したいのですが、申請手続きを手伝ってもらえますでしょうか。」
>
> **会計事務所**　「わかりました。では、システム導入からその後5年間の事業計画が必要になりますので、作成してきてください。」

　初回の打合せをこのような簡単なやり取りのみで済ませてしまいました。A社は自社で事業計画を策定したことがなく、とりあえず簡単な売上計画を作成し、会計事務所に渡しました。

　これを受け取った会計事務所では、申請書類を埋めるための情報が足りないため、追加の質問をし、A社がそれに回答するというやり取りを繰り返すことになります。そうしているうちに時間が経ち、いよいよ公募期間最終日になってもまだ申請書類は完成しませんでした。

| A社 | 「私は申請手続きを手伝ってくださいと言ったじゃないですか！　まだ書類ができていないなんて、ヒドイ！」 |
| 会計事務所 | 「……（まずは会社で十分な内容の事業計画を作成してくれないと、会計事務所で勝手に事業計画を作ることなんてできないのに……）。」 |

## ■事例2

　B氏は創業準備中で、小規模事業者持続化補助金の申請を検討しています。会計事務所で創業融資の相談を受けていることから、小規模事業者持続化補助金についても事業計画の策定等のアドバイスを受けています。

| B氏 | 「いろいろとアドバイスをいただいたお陰で、事業計画、申請書類をしっかり作ることができました。これなら、小規模事業者持続化補助金も上手くいく気がします！」 |
| 会計事務所 | 「それはよかったです。頑張ってください。」 |

後日、B氏からクレームの電話がかかってきました。

| B氏 | 「補助金の申請には、商工会議所の確認書が必要だっていうじゃないですか！　今から商工会議所に申し込んでも、補助金の締め切りに間に合わないって言われたんですよ。どうしてこの前教えてくれなかったんですか！」 |
| 会計事務所 | 「……（確かに事業計画のアドバイスは行ったが、その他の申請手続きには責任はないはずなのだが……）。」 |

### （回避策）

　採択されるレベルのしっかりと練られた申請書を作成するためには、クライアントと会計事務所とのスムーズなキャッチボールと深い議論が大切となります。初めて補助金の申請に取り組むクライアントは、申請書類の準備の内容や手順がわかりません。会計事務所に漠然と「相談に乗ってほしい」「手伝ってほしい」と言われた場合には、会計事務所が主導的に申請までの道筋を明確にしたうえで、何をいつまでにどのように進めるべきかを詳細に伝える必要があります。

　このときに、申請計画[8]を作成することをおすすめします。経営者と会計事務所とで工程ごとにどちらがいつまでに進めるかを確認し、協力体制を築いてください。

---

8　P55の補助金申請計画例を参照してください。

事例1のA社の場合、申請計画を作成したうえで、お互いの工程の期日を意識しながらそれぞれの作業に取り組むべきだったと思います。会計事務所からは"設備投資からその後5年間の事業計画"を依頼していますが、これは経営者側には酷だったようです。限られた時間内に一定レベルの申請書の完成を目指さなければいけないのですから、よほど事業計画の策定に慣れている経営者でない限り、会計事務所側からもう少しかみ砕いた次元のヒアリングを行いながら一緒に事業計画を練っていくことが効率的であると思われます。

事例2のB氏の場合も、申請計画を立てたうえで、会計事務所はそのごく一部の支援を行うにすぎず、その他の工程は自己責任で行うことを事前に確認できていれば、防ぐことができた可能性の高いトラブルであると思われます。

・申請に至るまでの道筋と役割分担の明確化
・協力体制の構築

POINT!

## （2）不採択になった場合のトラブル

■事例3

会計事務所のクライアントから紹介され、ソフトウェア開発を行うC社のものづくり補助金の申請を支援することになりました。

C社では以前に厚生労働省の助成金を社会保険労務士に頼んだことがあるそうで、そのときには従業員名簿等の提出と簡単なヒアリングをしただけで、その他の申請業務はすべて社会保険労務士が行ってくれたということです。C社社長は、今回の補助金の申請書類作成も"丸投げ"したい様子です。

> **C社**　「すべてお任せします。何か必要なものがあれば言ってください。」
> **会計事務所**　「わかりました。では、必要な情報・資料は後で依頼させていただきます。」

> **会計事務所**　「事業計画を作成して提出してください。」
> **C社**　「お任せしますと言ったでしょう。まずはドラフトを作って送ってください。修正点があれば連絡します。」

会計事務所では、C社の経営者に行ったヒアリングの情報と過去の決算情報を使っ

て、何とか事業計画のドラフトを作成し、C社に確認を求めます。

> **C社** 「特に問題ないです。」

　C社では内容をどこまで確認しているか不明でしたが、それ以上の情報は得られなさそうでしたのでそのまま申請しました。しかし、やはり事業計画について情報不足のため、他社の練り上げられた申請書にはかなわず、不採択となってしまいました。

> **C社** 「すべてお任せしていたのですから、この結果はすべて会計事務所の責任ですよね？　ソフトウェア業界では、引き受けた案件はどんな条件でも完成させますけどね。」

> **会計事務所** 「……（内容の確認はしてもらっているわけだし、これ以上のものを作ることは不可能だ！……）。」

■事例4

　飲食業を始める予定のD氏は、創業補助金を利用して、店舗の内装工事費や従業員の人件費の補助を受けたいと思っていました。会計事務所と協力して、事業計画と申請書を何度も推敲し、また、補助金交付決定後すぐに新店舗の工事を行うように手配も進めて準備万端整えていました。ところが、結果は不採択となってしまいました。

> **D氏** 「こんなに準備をしてきたのに、本当に残念でした。どうして不採択になってしまったのでしょうか。」

> **会計事務所** 「本当に残念でした。実は今回の創業補助金の採択率は全国平均で〇％しかなく、審査はとても厳しかったようです。重要な審査ポイントである"独創性"について、××を挙げましたが、そこが弱かったかもしれません。飲食店ですので独創性にも限りがあります。創業補助金は利用できないことになりましたが、これからお店が盛り上がるように頑張ってください！」

> **D氏** 「いろいろとありがとうございました。確かに飲食店では難しいのかもしれませんね。事業計画はそのまま創業融資で使えましたし、いろいろと努力したことは無駄になっていないと思っています。」

（回避策）

　補助金の審査が相対的な評価である以上、不採択の可能性がなくなることはありません。申請者自身が確認し、「これで行こう」と最終判断した申請書であっても、いざ不

採択になると、その申請書を読み返して「やはりこの書き方が悪かったのではないか」「この記載が足りなかったのではないか」と考えてしまうものです。そして、「説明したことの記載が漏れている」「こんな書き方をお願いしていない」というクレームに変わっていくこともあるのです。

　支援業務に関するトラブルを避けるためには、申請者とどのようなやり取りをして支援を行ってきたか、ドキュメントやメールの履歴等を保存しておくことが大切になります。

　申請支援を行う立場としてできるだけ不採択という事態を避けたいものです。そのために、まずは、採択が厳しそうな案件は断ることが重要です。次のような場合は、採択が困難になりやすいので要注意です。

　・申請までの準備時間が足りない
　・申請する事業内容が補助金の趣旨に合致していない
　・経営者に当事者意識が薄く、自分が動かなくても申請書類の作成をしてもらえると
　　思っている。

　事例３のC社は、まさにこの３つ目に当てはまる要注意案件でした。C社の本業がソフトウェア業であり、“請負契約[9]”が常識であると思っている点や、過去に社会保険労務士任せで助成金を受け取った経験がある点も、当事者意識が薄くなる要因の１つだったかもしれません。

　さて、事例４のD氏のケースでは、不採択になったもののトラブルやクレームとなりませんでした。しかし、もしも不採択原因の分析についての見解を述べていなかったらどうなっていたでしょうか。

> D氏　「こんなに準備をしてきたのに、本当に残念でした。どうして不採択になってしまったのでしょうか。」
>
> 会計事務所　「不採択原因は公表されませんのでわかりません。」
>
> D氏　「……。」

　これでは今後D氏との信頼関係を築くことは難しくなるでしょう。それどころか、「そちらの助言が悪かったからなのではないですか？」といったクレームに変わっていたかもしれません。確かに不採択原因は公表されませんが、それを承知で意見を求めているわけですから、何らかの分析をしていただくべきかと思います。

---

9　P60の例のとおり、補助金申請に関しては委任契約とすることをおすすめします。

不採択原因の分析は、トラブルやクレームの回避策としてだけでなく、その後の補助金支援業務にも役立つと思いますので必ず行ってください。

・申請書作成過程のドキュメントの保存
・採択が難しそうな申請をしない（準備時間、申請内容、経営者のやる気）
・不採択原因の分析

## （3）報酬と業務範囲に関するトラブル

### ■事例5

　E社のものづくり補助金の申請を成功報酬10%で引き受けました。事前に契約書も交わしています。無事に採択されたのはよいのですが、交付決定額1,000万円の10%である100万円の報酬を請求したところ、E社の経営者は高すぎると言い出しました。

E社
「補助金申請手続きの中で、事業計画を策定したり、申請書類の手直しをしたり、当社も多大な労力を費やしました。これは契約時に想定していたよりも大変でしたよ。こんなにいろいろとやらされたのに、100万円も払うなんておかしいと思いますね。だいたいこの申請のために何時間使いましたか？」

会計事務所
「……（こちらも契約どおりの仕事をしているのに困るなあ……）。」

### ■事例6

　F社はものづくり補助金の採択を受け、補助事業期間ももうすぐ終わろうとしています。

F社
「補助金事務局から来月末までに完了報告を出すように連絡がきています。補助対象経費関連の領収書等を送りますのでよろしくお願いしますね！」

会計事務所
「完了報告は別料金ですが、よろしいですか。」

F社
「補助金を受け取るまで面倒みてくれるのではないんですか？」

（回避策）

　報酬に関するトラブルを回避するためには、必ず事前に契約書を交わしておいてくだ

さい。契約書には、金額を明記するだけではなく、業務の範囲についても明確にしておくことが望ましいと思います。範囲には、①どの業務を会計事務所が行い、どの業務を会社が行うのかという業務分担の範囲、②いつからいつまでの業務を行うのかという時間軸的な範囲の2つの視点があります。

　E社の場合は、①業務分担の範囲が不明瞭だったためのトラブル例、F社の場合は、②時間軸的な範囲が不明瞭だったためのトラブル例となっています。

　ところでE社の場合は、補助金の受領は当分先になりますし、その前に補助事業の投資を実行しなければなりませんので、本当に資金繰りが厳しいために報酬を値切らざるを得ないのかもしれません。決して感情的に応戦せずに、分割払いの案や報酬の支払期限を延ばす等を提案するのもいいかもしれません。

・適正な報酬額の設定
・業務範囲の明確化（業務分担の範囲、時間軸的な範囲）
・契約書の作成


## （4）補助金制度の理解不足によるトラブル

**■事例7**

　ものづくり補助金が採択され、念願の大型設備を導入したG社でしたが、大変な事態が起きてしまいました。

　　　設備の導入：10月1日
　　　支払の条件：1,500万円（9月30日までに前金500万円、10月31日に残金1,000万円
　　　　　　　　　の口座引落し）
　　　補助対象期間：5月1日～10月31日

　G社　「うっかりして月末（10月31日）の設備の引落しができていなかったんですが、翌日（11月1日）にはちゃんと全額引き落とされていました。」

　会計事務所　「えっ！　この設備の支払いは、補助対象期間内の10月31日までに済ませておかないと補助対象にならないんですよ！」

　G社　「そんな大事なことをどうして事前に言ってくれなかったんですか！どうにかならないんですか？　1,000万円がもらえなくなってしまうんですか？……補助金がもらえないなら当然成功報酬はないですよ

ね！」

会計事務所 「……（採択後のスケジュール管理は自己責任でしっかりやってほしい……）。」

■事例8

　製造業のH社は事業承継補助金を利用し、先代の不採算工場を処分しました。その後、後継者の若社長は新製品の開発、生産に成功し、ここ最近急に業績が上がりはじめました。

　補助金を受領してから4年目の決算後しばらくしてから、H社から電話がかかってきました。

H社 「補助金事務局から、補助金1,000万円を返すように連絡がきたんですが。不正をしたわけでもないし、補助金は返さなくていいものだと仰っていましたよね？」

会計事務所 「返す理由は聞かれましたか？　詳しく教えてください。」

H社 「基準納付額を超えたとかで、収益納付義務があると言われたんです。でも補助金は4年前に不採算工場を処分するためにもらったものだし、今さら返せと言われても……。」

会計事務所 「……（収益納付のルールのとおりだから仕方がないのだが……）。」

（回避策）

　補助金は採択を勝ちとるところが最も難しいといえますが、その関門を突破した後でも、各種規定を守らないと補助金が交付されないこともあります。また、交付に至った後も、それを返還しなければならない可能性は残っています。

　事例7のG社のような事故を防ぐにはどのようにすればいいでしょうか。会計事務所が発注や支払いの指示を逐一出すわけにはいきませんので、基本的には採択された当事者が、しっかりとルールを理解し、守るしかありません。折に触れて「採択＝受領確定」ではないことを強調してお伝えください。

　事例8のH社の場合、申請当初に補助金制度についてどのような説明がなされていたのかが心配になります。補助金のメリットばかりを強調してデメリットを伝えない補助金営業をしていたとすれば、H社が本当に補助金を返す必要がないと思いこんでいた可能性もあります。そうであれば今回の事務局からの連絡にはかなり驚き戸惑うことでしょう。

事例7、事例8のいずれにも当てはまりますが、契約書の締結に先立って、特に重要な補助金の制度について、P65に例示した「補助金申請支援業務にかかる確認事項」を活用して申請者に念押ししていただくことをおすすめします。また、契約書には、補助金が減額あるいは返還することも想定して、報酬の返金には応じない旨の条項を入れておくといいでしょう。

- ・申請者自身が補助金制度を理解するよう促す
- ・特に重要な制度は、書面で確認してもらう

## ✔チェックポイント！

- ■申請書作成には、申請者と会計事務所との協力体制の構築が重要。

- ■申請者自身の補助金制度の理解不足、当事者意識の欠如は最大のトラブル要因。

- ■トラブルに備え、申請書作成の過程を適切に記録・保存。

- ■申請に至るまでの道筋と役割分担を事前に明確に。

- ■採択が明らかに困難な申請は行わない。

- ■適正な報酬額で契約締結を。

# C

# 事業計画

GOAL

**事業計画を策定する**

# C₁ 補助金申請のための事業計画

　第三者に対して会社へ資金拠出を請う時、必ず取り組む事業の説明を行い、将来の返済や配当の約束をします。事業の説明は書面や口頭で何度も行い、さらに相手からの質問にも対応することが一般的です。

　補助金の場合にも、やはり事業の説明が重要です。しかし補助金の場合には、申請書しか事業の説明をするチャンスがありません。このため事業計画が申請書の肝であり、また後から説明を加えられないため、内容だけでなくその表現も重要になります。

　ここからは補助金申請に必要十分と思われる程度の事業計画の策定を目的として、税理士としてどのような支援ができるのかを検討します。

## （1）補助金申請に必要十分な事業計画とは

　補助金申請書の大部分は事業計画の記載ですが、その記載内容についての細かな規定はなく、事業計画の構成要素や段落組み等、ほぼ自由に記載することになります。

　では、どのような構成要素を盛り込んだ事業計画を策定すればよいでしょうか。ヒントは、「審査委員は初見の申請書を一読して採点を行う」ということです。補助金申請にあたっては、以下の要素を含む事業計画が適しているでしょう。

**≪事業計画に含むべき構成要素≫**

> ・事業の骨格
> ・事業計画全体のストーリー
> ・損益計画
> ・資金計画
> ・その他、公募要領で求められているポイント

### ■事業の骨格

　事業を第三者に説明するときには、まず『当社では、「誰に」「何を」「どのように」××を実現します。』と要点を伝えたうえで、それぞれの詳細をバランスよく補足していくと、全体を理解してもらいやすくなります。

■事業計画全体のストーリー

　補助金の申請書では「このような投資を行うから補助金を希望します。」という点の説明が大切ですが、その前後を含む事業計画全体のストーリーも重要視されます。すなわち、なぜその投資を行うのか、その投資を行うとどのような結果が期待できるのか、将来的にさらなる波及効果があるのか、という全体のストーリーです。一貫したストーリーは、事業計画全体の説得力を高めます。また、補助金申請の場合には、特に将来のストーリーが補助金事業の趣旨に合致していることが好印象、高得点へとつながります。

■損益計画

　事業の骨格、ストーリーと整合した損益計画の策定が必要です。補助金の種類によっては、達成すべき利益の伸び率等が定められているので留意してください。

■資金計画

　採択されてから補助金受領までの間に資金ショートを起こさないために、適切な資金計画が必要となります。

■その他、公募要領等で求められているポイント

　「D　申請書」で詳しい解説をしますが、審査委員が審査の基準とするポイントが公募要領等に明示されていますので、その点について必ず記載する必要があります。また、記載例、Q&A等が公表されている場合には、その指示にも留意してください。

## （2）事業計画の策定手順

　事業計画の策定は、補助金申請に必要十分な情報を効率よく収集、整理、分析する目的で、以下の手順で進めます。

> 事業計画の策定手順
> ①事業の骨格の整理〔C2で解説〕
> 　↓　コンセプト
> 　↓　誰に／何を／どのように
> ②事業計画期間前後を含む全体のストーリー〔C3で解説〕
> 　↓　過去のストーリー
> 　↓　事業計画のストーリー
> 　↓　将来のストーリー

③数値計画の策定〔Ｃ4、Ｃ5で解説〕
　　↓　損益計画
　　↓　資金計画
④まとめ
　　↓　申請書の事業内容欄への記載

## （3）事業計画策定の場面での税理士の役割

　事業を主体的に計画して遂行するのは経営者です。事業計画の策定にあたって外部者である税理士の役割は、事業計画をゼロから生み出すことではなく、経営者の頭の中にある情報を整理して客観的に分析することです。

　そのためには、まず経営者に対してどのようにヒアリングを行うかが重要です。そして得られた回答を客観的に整理、分析し、場合によってはさらに議論を重ねて経営者に新たな気づきや創造を促すことも必要となります。このとき、専門家としての能力、業務上知見した他社事例、一消費者の立場としての客観的な視点等が役に立つことと思います。

　事業計画の策定というと、経営学やマーケティングの専門用語やフレームワークが用いられることも少なくありませんが、税理士としては「妥当な投資計画を作成する」あるいは「妥当な損益予測を作成する」という点を意識していただければ、十分に専門家としてのコメントが可能です。

## ✔チェックポイント!

■ 審査委員に内容がよく伝わりしっかり採点されることが重要。

■ 事業計画に含むべき構成要素は……

　　事業の骨格（コンセプト、誰に、何を、どのように）
　　事業計画全体のストーリー
　　数値計画（損益計画、資金計画）
　　公募要領で求められているポイント（審査基準）

■ 事業計画策定支援には、適切なヒアリングと情報整理、客観的分析が必要。

# $C_2$ 事業の骨格の整理

　事業計画策定にあたり、まず初めに着手するのは、事業の骨格の整理です。このとき
に補助資料として活用していただきたいのが以下の「事業骨格シート」です。

　ここからは「事業骨格シート」の各項目を解説しつつ、各項目についての有益な回答
を得るためのヒアリング例、分析の視点をご紹介します。解説はコンセプト、誰に、何
を、どのようにの順に進めますが、実際の「事業骨格シート」の作成にあたっては、ど
の項目から始めていただいても結構です。また、各項目は相互に影響し合う関係ですの
で、複数の項目を同時に検討するということもあります。

●事業骨格シート

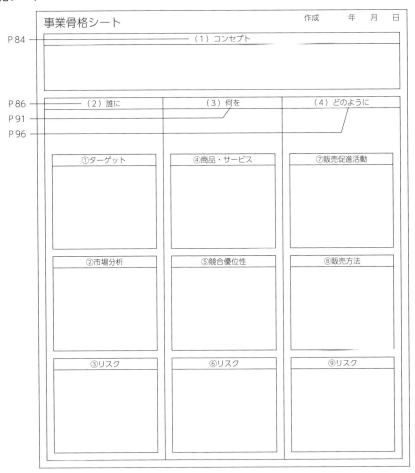

## （1）コンセプト

　コンセプトとは、広辞苑（第六版・岩波書店・2008年）によれば「①概念、②企画・広告などで、全体を貫く統一的な視点や考え方」とありますが、ここでは事業全体に影響を与える視点、考え方、目標、思いといった意味で捉えています。『当社では、「誰に」「何を」「どのように」××を実現します。』の下線部分にあたります。コンセプトは、その他のすべての要素と整合し、事業計画策定または実際の経営において選択、判断の拠り所となるものです。

　経営者によっては、事業のコンセプトを初めに明確にしている方もいます。例えば、「××を実現するために起業する！」「××という点で困っている人たちを助けたい。」等の強い思いで事業に取り組む場合や、あるいは会社案内用のパンフレットやHPの制作を通じて、事業方針等についてすでに俯瞰的に検討済みである場合です。このような場合には、「この事業のコンセプトは何ですか？」と問いかければ、「××です。」とすんなりと回答があるはずです。

　一方で、特にコンセプトは明確になっていないものの、何らかの事業シーズ（種）があって事業に取り組む場合もあります。この場合には、「誰に」「何を」または「どのように」の一部または全部が明確になっていますので、「事業骨格シート」の作成にあたっては、まずはそれらの記載から始めて、最後にそれらに通底するコンセプトを見出していくという順序で構いません。

　コンセプトは個性的、独創的、奇抜であるほどインパクトがあり、競争力の１つにはなりますが、それが想定するターゲットに受け入れられるものでなければなりません。経営者の考えるコンセプトが明らかになったところで、客観的にみて、あるいはターゲットの立場に立ってどのような印象であるかということをディスカッションできるといいでしょう。

ヒアリングのポイント

「この事業のコンセプトは何ですか？」

「この事業に取り組む動機、きっかけは何ですか？」

「この事業を通して、どんなことを実現したいのですか？」

「同業他社と比較して、どのような特徴があるのですか？」

・コンセプトが明確でない場合には、最後に検討する。

・コンセプトは、その他のすべての要素と整合し、事業計画策定または実際の
　経営において選択、判断の拠り所となる。

▼

コンセプト

▼▲

分析の視点

☑コンセプトはターゲットに受け入れられるものか？

☑コンセプトに競争力はあるか？

## （2）誰に

　ここにはまず、事業で想定する商品・サービスを提供する相手、すなわちターゲットを記載します。そのうえで、そのターゲットについてのより詳細な特性、市場分析、リスクを分析していきます。

　分析にあたっては、そのターゲティングが正しいのかという点を掘り下げていく必要があります。そのため、まずは経営者がなぜそのターゲットを想定しているのかという理由を問いかけます。さらに、ターゲットの見落とし、すなわち、ターゲットではないと切り捨てた層について、その理由、何らかの工夫を加えることで新たにターゲットとなる可能性がないかについても考えるべきです。

---

**ヒアリングのポイント**

「商品・サービスを提供する相手は誰ですか？」

「なぜその相手だと考えていますか？」

▼

**誰に**

▼▲

**分析の視点**

☑ターゲティングの妥当性。

☑潜在的なターゲットの存在を認識しているか？

①ターゲット

　ターゲットの属性、志向、ニーズ等の特性を分析します。属性には、例えば住んでいる地域・国、年齢層、性別、職業、収入、ライフスタイル等があります。ターゲットの属性を把握し、提供する商品サービスに関連する分野の中で、彼らが何を求めているのか、その予算や頻度はどれくらいかを検討します。すでに展開されている類似の商品・サービスの傾向や、さまざまな主体が行っている関連する消費者アンケート等が参考になります。また、アンケート調査会社を利用し、需要調査やコンセプトテスト等について個別の定量調査を実施することもお勧めです。インターネットで実施するアンケートは、一般的にインタビューや座談会に比べて母集団が大きく、安価で素早く結果を確認できます。補助金申請に役立つだけでなく、補助事業の事業化に向けて有意義な情報を得られることでしょう。

---

**ヒアリングのポイント**

「ターゲットの属性について教えてください。」

「ターゲットはどのような商品・サービスを望んでいると思いますか?」

「商品・サービスについて、ターゲットが好む傾向、嫌う傾向は何だと思いますか?」

「ターゲットの商品・サービスの利用頻度、予算はどれくらいだと考えますか?」

▼

---

**ターゲット**

---

▼▲

---

**分析の視点**

☑すでに展開されている類似の商品・サービスの傾向からターゲットのニーズを読み取る。

☑関連する消費者アンケート等から傾向を読み取る。

---

②市場分析

　事業が属する市場を特定して、マクロ的な市場のトレンドを押さえることで、事業の中長期的な成長に関する情報や市場全体が抱える問題点等を理解することができます。一方で事業が直面するミクロ的な市場、例えば実店舗であれば店舗エリアの環境、店舗前の人通り、最寄り駅の利用者数、周辺の競合店等を調査することによって、より短期的、具体的な分析が可能になります。そして市場分析の結果は、商品・サービスの改良や提供方法、販売促進活動の工夫といった競争力強化につなげることができます。

　新しい事業であって、属する市場が見当たらない場合には、類似の市場や別の新市場の傾向を見ると参考になるでしょう。

　市場に関する情報源としては、国が公表する白書[1]や統計[2]、インターネット上に開示されている業界情報等を無料で入手することができます。また、市場調査業者、書籍[3]、各種業界団体等が発行している業界新聞や雑誌等が活用できます。

　どのような事業であっても少なからず人口情報が重要になりますが、これについては国や各都道府県、市区町村が発表している人口統計があります。年齢層や男女別の、過去の人口推移から将来予測までの資料が揃いますので参考にしてください。

　海外進出事業の場合には、外務省[4]から公表されている各国地域の基礎データや、JETRO[5]のマーケティング情報等が役立つでしょう。

---

1　http://www.cao.go.jp/whitepaper/index.html

2　http://www.stat.go.jp

3　「業種別業界情報」（経営情報出版社）など

4　http://www.mofa.go.jp/mofaj/area/index.html

5　https://www.jetro.go.jp/

ヒアリングのポイント

「事業はどの市場に属するでしょうか？」

「市場の最近の動向（市場規模の推移、市場大手企業の動向、市場での技術革新、市場への新規参入の動き等）はどうでしょうか？」

「少子高齢化がさらに進む日本において、市場の将来性についてどのように考えますか？」

「市場（業界）固有の規制、慣習、その他特殊な事情はありますか？」

・経営者の業界の知識、経験やノウハウを生かした主観的分析と統計的な情報等に基づく客観的分析のいずれもが大切である。

▼

市場分析

分析の視点

☑入手した情報は、情報源、年度、目的、客観性等の点で信頼できるものか？

☑市場の動向を踏まえて、競争力のある商品・サービス、その提供方法とはどのようなものか？

☑市場の動向を踏まえて、訴求力の高い販売促進活動とはどのようなものか？

③リスク

　「誰に」の項目に関連するリスクを、思いつく限りできるだけたくさん挙げてください。できるだけ多くのリスクが"想定内"となっていることで、安心して事業をスタートすることができるからです。特に経営者が確かな根拠がないにもかかわらず強調する事項があれば、第三者の冷静な目で多角的に問いかけをすることで、分析が深まり、新たなリスクを発見することになるでしょう。

　リスクが多いことについては全く悲観する必要はなく、1つひとつのリスクにどのように対応することができるかを検討すればいいだけです。ただし、対応不能な重要なリスクが残ってしまう場合には、そのリスクの発生可能性や重要性に応じて事業の撤退を検討する必要があります。

---

### ヒアリングのポイント

「アクセス可能なターゲットの見込み数は十分にありますか？」

「ターゲットにはどの程度の予算がありますか？」

「市場全体の傾向として衰退局面ではありませんか？」

「市場に新規参入する余地はありますか？」

「規制等の改革や技術革新によって、市場環境が大きく変わる見込みはありませんか？」

　・思いつく限りたくさんのリスクを挙げる。

---

### リスク

---

### 分析の視点

☑列挙したそれぞれのリスクについて、対応策を検討したか？

☑対応不能な重要なリスクが残る場合、撤退を検討したか？

## （3）何を

　ここにはまず、事業で提供する商品・サービスを記載します。そのうえで、その商品・サービスについてより詳細な特徴、競合優位性、リスクを分析します。

　想定している商品・サービスのアイディアはいろいろと出てくることと思います。ヒアリングの際には、メインとなるものと、付属となるものとの選別をしながら進めることをおすすめします。なぜなら、この後の事業計画の数値計画を作成する段階においては、メインの商品・サービスを中心に予測の計算をするからです。また、付属の商品・サービスの中からは、メインの商品サービスの競合優位性の材料を見出すことができる可能性があります。

---

**ヒアリングのポイント**

「提供するメインの商品・サービスは何ですか？」

「付属の商品・サービスは何ですか？」

　・商品・サービスが複雑な仕様、仕組みである場合には、図表や写真を用いて整理する。

▼

**何を**

▼▲

**分析の視点**

☑なぜその商品・サービスなのか？

☑類似する商品・サービスとの相違点は何か？

☑他に提供できる商品・サービスはないか？

④商品・サービス

　ここでは特定した商品・サービスについて、価値、調達、寿命等の角度から検討します。

　商品・サービスの価値といえばいろいろな意味合いがありますが、ここで最も重要なことは、ターゲットがどのような価値を見出すかという点です。業界に長年携わる経営者ほど、商品・サービスそのものの価値を追求し、ターゲットにとっての価値を見ていない場合があります。商品・サービスの価値の追求に共感するターゲットを設定しているならばそれで結構ですが、そうでないならば、ターゲットが求める商品・サービスの価値とのすれ違いが生じ、コストや販売方法等に無駄が生じかねません。

　また、価格についても、商品・サービスの価値を構成する要素になります。価格の設定については、以下のようなアプローチがあります。
　　・原価に利益を足して商品・サービスの価格を決める方法（コストプラス法）
　　・原価に値入率を掛けて商品・サービスの価格を決める方法（マークアップ法）
　　・類似する商品・サービスの価格を参照する方法
　　・ターゲットに受け入れられる価格を独自に設定する方法

　商品・サービスの調達については、例えば、仕入ルートはどうするのか、外部・内部での加工工程は必要なのか、調達後の管理はどのようにするのか等について確認します。そして、必要な体制が実現可能なものであるか、すなわち、業界の規制や慣習による障壁はないか、あるいは企業内部の人的体制、予算、ノウハウ等の整備上の問題がないかを検証します。

　ほとんどの商品・サービスには、流行、技術革新、代替品の登場等の影響により寿命があります。具体的に現行の商品・サービスはどのような事象の発生によって衰退するのか、その事象はいつごろ起こるのかについて検討する必要があります。

ヒアリングのポイント

「提供する商品・サービスは、ターゲットから見てどのような価値があると思いますか？」

「ターゲットはなぜその商品・サービスを買うと思いますか？」

「ターゲットはその商品・サービスに対してどのような印象を持つと思いますか？」

「商品・サービスの価格はどのように考えていますか？」

「商品・サービスの提供のために必要な準備（仕入、加工、管理等）は何ですか？」

「準備（仕入、加工、管理等）に必要な体制を整えることはできますか？」

「商品・サービスの寿命はどれくらいですか？」

▼

商品・サービス

▼▲

分析の視点

☑経営者目線ではなく、ターゲット目線で商品・サービスについて検討したか？

☑商品・サービスの提供体制は実現可能か？

☑コンセプトと整合する内容か？

⑤競合優位性

　競合優位性とは、文字どおり、競合する他社に抜きんでて自社が優位に立てる要因のことです。優位に立つとは、ターゲットから選ばれ、市場での売上げを獲得することです。提供する商品・サービスが、他社と比べたときにどのように評価できるかを検討します。他社に勝る点が多いほど、事業が成功する可能性は高くなります。ただし、あくまでも目的はターゲットから選ばれることですので、何らかのポイントに絞った優位性を確保すればよく、また相対的に他社を上回るレベルがあれば足りるため、競合優位性のために無尽蔵な投資は不要です。

　さらに、同業他社ではなく、異業種であっても同じターゲットを狙う他社が競争相手になるケースもあります。例えば、動物園のライバルは他の動物園だけではなく、ターゲットが動物園に行くことを選択する際に比較対象とするであろう水族館や遊園地、あるいは余暇の消化という意味では携帯アプリゲームやDIYがライバルになり得るかもしれません。どのような競争相手が想定できるのかをより俯瞰的に捉え、それらの中でターゲットの選択を勝ち取るためにどのような優位性を持つことができるかを検討します。

| ヒアリングのポイント |
| --- |
| 「提供する商品・サービスの強みは何ですか？」<br>「同業他社の商品・サービスと比べて異なる点は何ですか？」<br>「ターゲットが商品・サービスを選択するときに最終的に何をもって決定すると思いますか？」<br>「同じターゲットを狙う異業種と競合する可能性はないですか？」 |

▼

| 競合優位性 |
| --- |
|  |

▼▲

| 分析の視点 |
| --- |
| ☑競合優位性は何か？<br>☑競合優位性を継続することは可能か？ |

⑥リスク

　「何を」の項目に関連するリスクを、思いつく限りできるだけたくさん挙げてください。

---

**ヒアリングのポイント**

「依然デフレ基調の日本経済ですが、価格について今後どのように対応するシナリオが考えられますか？」

「商品・サービスの提供を停滞させるような調達上の要因はありませんか？」

「商品・サービスの寿命はどれくらいあると考えられますか？」

「商品・サービスの寿命後の対策はどう考えますか？」

「同業他社に競合優位性を真似されるリスクはありませんか？」

　・思いつく限りたくさんのリスクを挙げる。

---

**リスク**

---

**分析の視点**

☑列挙したそれぞれのリスクについて、対応策を検討したか？

☑対応不能な重要なリスクが残る場合、撤退を検討したか？

## （4）どのように

　ここには、商品・サービスとターゲットとをどのように結びつけるか、結びつける場やその方法を記載します。結びつける場としては、店舗またはオフィス、イベント会場、インターネット等があります。方法としては、売上入金スキームに着目して、例えば一度ずつ完結する販売形式や、会員制として定期的に会費や利用料を徴収する形式、賃貸借の形式等があります。

　商品・サービスとターゲットとの結びつきを時系列的に考えれば、まずはターゲットに商品・サービスの情報を提供し、比較検討してもらい、そして選択してもらうことになります。情報の提供の場面については販売促進活動、比較検討・選択の場面については販売方法にて検討します。

---

ヒアリングのポイント

「商品・サービスとターゲットとを結びつける場はどこですか？」

「商品・サービスとターゲットとを結びつける方法は何ですか？」

---

▼

---

どのように

---

▼▲

---

分析の視点

☑売上げが確定する場面（キャッシュポイント）を捉える。

---

⑦販売促進活動

　販売促進活動とは、主にターゲットに商品・サービスの情報を提供するための広報、宣伝の活動です。例えば、テレビ・ラジオCM、電車やバスの車内広告、電柱や壁面広告、新聞折り込み広告、雑誌掲載、ダイレクトメール・FAX等があります。インターネット上では、バナー広告、いわゆる"まとめサイト"内の紹介記事による広告、SEO対策、YouTube等動画サイトによる広告、フェイスブックやインスタグラム等SNSによる情報の拡散等があります。また、一定の活動を通じて宣伝効果が生ずるもの、例えば地域イベントの協賛、イベントやセミナーの開催等もあります。

　販売促進活動としてどのような手法を選択するべきかは、コンセプト、ターゲット、商品・サービスの特性、予算等を考慮に入れながら検討します。販売促進活動の効果の数値目標を定めておくと、活動の成功と失敗を評価することができ、成功した活動は継続してさらに売上げを伸ばし、失敗した活動を中止して損失を最小限に抑えることができます。最終的に目指すところは、提供する商品サービスをターゲットが選択することであるため、端的にいえばターゲット以外に情報を提供する必要はなく、そのための無駄な労力やコストをかけないようにしたいものです。

　販売促進活動でどのような情報の提供を行うかという点も重要です。単に商品・サービスの説明にとどまらず、ターゲットが自然と比較検討をして納得のうえで選択に導かれるようなヒントを入れておくことが望ましいといえます。この点の検討にあたっては、我々が潜在顧客の役割を演じるロールプレイングなどの方法も有効です。

## ヒアリングのポイント

「販売促進活動としてどのようなことをしますか？」

「その活動により、ターゲットに商品・サービスの情報は届きますか？」

「どのような情報を届ける予定ですか？」

「ターゲット以外のために無駄に情報拡散の労力・コストはかかっていませんか？」

「販売促進活動の効果の数値目標を定めていますか？」

▼

## 販売促進活動

▼▲

## 分析の視点

☑コンセプト、ターゲット、商品・サービスの特性に合った有効な販売促進活動を
　検討しているか？

☑販売促進活動の費用対効果を意識しているか？

## ⑧販売方法

　販売方法とは、例えば実店舗による物販等であれば、売り場はどうするか、店舗の内装はどうするか、商品のディスプレイはどうするか、接客方針や方法はどうするか等のことです。ターゲットが商品・サービスの比較検討・選択を行う場面であり、選択を誘導するための工夫が必要になります。

　実店舗の売り場エリアの決定は商圏の決定であり、これにより事業が直面するミクロ的な市場が相当程度限定されることになります。そのため、商圏の規模、特性、そこにおける競合優位性等について慎重に検討してください。

　インターネット販売による場合には、独自ドメインのサイトのみとするか、楽天、Amazon、Yahoo!等のショッピングモールを利用するか、利用するならばどこを利用するか、サイトの雰囲気・仕様はどうするか、商品写真をどうするか、運営方針をどうするか等を検討します。特にサイトの雰囲気・仕様や商品写真は、実物を見ていないターゲットにとって商品・サービスの印象を決定づける大きな要素になるため、コンセプトに合った必要十分なクオリティが要求されます。

---

### ヒアリングのポイント

「商品・サービスの販売方法はどのようにしますか？」

「実店舗を置く場合、商圏はどのように検討しましたか？」

「実店舗を置く場合、内装、ディスプレイ、接客等の方針について教えてください。」

「インターネット販売を行う場合、運営方針について教えてください。」

「その商圏における競合優位性はありますか？」

---

### 販売方法

---

---

### 分析の視点

☑販売方法は実現可能なものか？

☑設備投資の必要な販売方法については、必要な投資内容と金額、投資の回収について検討する。

⑨リスク

「どのように」の項目に関連するリスクを、思いつく限りできるだけたくさん挙げてください。

---

### ヒアリングのポイント

「販売促進活動の結果、ターゲットの呼び込みができない可能性があるとしたら、どのような原因があると思いますか?」

「呼び込んだターゲットが、提供する商品・サービスを選択しない可能性があるとしたら、どのような原因があると思いますか?」

「他によりよい商圏はありませんか?」

・思いつく限りたくさんのリスクを挙げる。

▼

---

### リスク

---

▼▲

---

### 分析の視点

☑列挙したそれぞれのリスクについて、対応策を検討したか?

☑対応不能な重要なリスクが残る場合、撤退を検討したか?

# ✔チェックポイント!

■「事業骨格シート」で「コンセプト」「誰に」「何を」「どのように」を整理。

■事業計画策定や実際の経営で判断の拠り所となるのが「コンセプト」。

■「誰に」では、ターゲットを特定したうえでその特性や市場を分析。

■「何を」では、商品・サービスの特徴、競合優位性を分析。

■「どのように」では、ターゲットと商品・サービスの結びつけ方を分析。

# C₃ 事業計画全体のストーリー

　C2では事業計画について、骨格シートの作成を通じて各構成要素の整理は行いました。しかしまだこれはバラバラのピースにすぎません。次に、事業を通じて何を実現していくのかという大きな視点でのストーリーを確認して、事業計画全体の組立てをする必要があります。

　事業計画のストーリー性は、事業計画の説得力や信頼感の向上につながり、事業計画に対しての外部の理解、賛同を得やすくなることでしょう。

　新規創業する個人であっても、社歴の長い法人であっても、あるいは事業承継のケースであっても、必ず事業計画の対象とする事業を始めるまでの過去のストーリーがあり、現在があるはずです。そして、その計画後に続く夢もあるはずです。事業計画は、現在から将来の夢に向かって進むための道筋です。そこで、事業計画の策定にあたっては、一連の事業ストーリーを過去から将来にわたって整理する作業が重要になります。

　ストーリーを整理する際には、次ページの「ストーリーシート」をご活用ください。これは、上から下に向かって、過去から将来という時系列になっており、それぞれの期間に整理すべき項目を記載できるようにしたものです。

●ストーリーシート

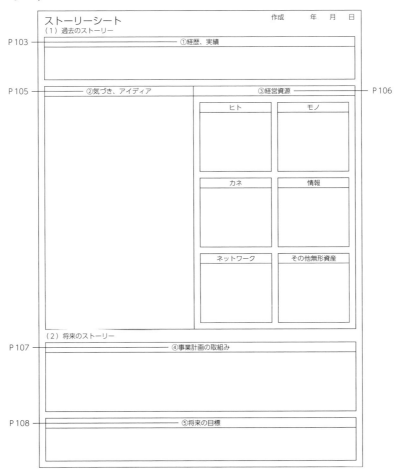

## （1）過去のストーリー

　まずは、計画で対象とする事業を興すに至るまでの過去のストーリーを整理します。会社や経営者は、過去の経歴や実績から、事業を興すきっかけ・動機となる気づきやアイディアを持ち、また、経営資源を蓄積しています。

　気づきやアイディアは、事業のコンセプトになっていることも少なくありません。そこで、事業の骨格で整理したコンセプトから、なぜそこに至ったかを問いかけることで過去のストーリーを紐解くこともできます。

　現状の経営資源は、すべてが過去の経験や意思決定の結果です。このため、過去のストーリーの枠内で整理しておきたいと思います。

### ①経歴、実績

　新規創業の場合には、創業者の個人的な経歴、職歴、経験等を記載します。創業を決

意するに至ったということは、会社での就業のみならず、アルバイトや家業の手伝いといった経済活動、あるいは専門学校や大学等で身に着けたスキルやノウハウ、または消費者としての鋭い視点も含め、何らかの活動を通じて、事業シードや価値観を見出しているはずです。このきっかけになる過去の活動が事業ストーリーの起点になります。

　すでに社歴がある法人または過去から事業を行っている個人の場合には、過去の事業実績を記載します。事業実績とは単に過去の決算書を指しているのではなく、例えば、開発した技術、開拓した仕入や販売に関するネットワーク、販売の現場で得た市場ニーズ等の、新たな事業計画を開始するに至るきっかけとなる経験のことを指しています。

　事業承継の場合には、承継した事業が持つ実績と承継した会社の実績のいずれもが対象となります。

　事業再構築補助金では、新型コロナウイルス感染症の感染拡大による影響についても直近の実績としてヒアリングします。

---

ヒアリングのポイント

【創業間もない事業者の場合】
「今回の事業に関係のある学歴、職歴、経験等を教えてください。」

【社歴のある法人等の場合】【事業承継の場合】
「今回の事業に関係のあるこれまでに開発した技術を教えてください。」
「今回の事業に関係のあるこれまでに開拓した仕入や販売に関するネットワークを教えてください。」
「今回の事業に関係のある現場最前線で得た市場ニーズを教えてください。」
「今回の事業に関係のある経営者の学歴、職歴、経験等を教えてください。」

【事業再構築】の場合
「新型コロナウイルス感染症が事業に与えた影響を教えてください。」

▼

経歴、実績

②気づき、アイディア

　経歴、実績を通じて見出した気づき、アイディアを記載します。気づきやアイディア
は、事業を興す動機や事業のコンセプトになっていることも少なくありません。また、
気づき、アイディアを磨いていくことで競合優位性となる可能性もあります。

| ヒアリングのポイント |
| --- |
| 「経歴、実績を通じて見出した気づき、アイディアを挙げてください。」<br>「今回の事業の中で実行したいアイディアを教えてください。」<br>「事業を興す動機を教えてください。」<br>「事業のコンセプトを考えた経緯を教えてください。」 |

▼

| 気づき、アイディア |
| --- |
| |

### ③経営資源

経営資源とは、ここでは「生産性向上ガイドライン」を参考にして「ヒト」「モノ」「カネ」「情報」「ネットワーク」「その他無形資産」の６つの要素であると定義します。これらの経営資源は、過去の意思決定の結果として現状において保有しているものです。決算書等の帳簿上で確認できる資産と、帳簿上では確認できない資産があります。

---

### ヒアリングのポイント

「現状保有する経営資源としての「ヒト（資質、ノウハウ、人数、経営者、管理者、従業員、職場の雰囲気やモチベーション等）」は何ですか？」

「現状保有する経営資源としての「モノ（設備、資産、取り扱う商品・サービス、知的財産等）」は何ですか？」

「現状保有する経営資源としての「カネ（キャッシュ、収益構造、コスト構造等）」は何ですか？」

「現状保有する経営資源としての「情報（外から情報を得る手段・情報システム、広告や宣伝等の情報発信手段等）」は何ですか？」

「現状保有する経営資源としての「ネットワーク（人脈、サプライチェーン、金融機関、専門家や産業支援機関等）」は何ですか？」

「現状保有する経営資源としての「その他無形資産（ブランド、のれん、業績や実績、固有のノウハウや知恵、技術、固定客等）」は何ですか？」

▼

---

### 経営資源

| ヒト | モノ | カネ |
| --- | --- | --- |
|  |  |  |

| 情報 | ネットワーク | その他無形資産 |
| --- | --- | --- |
|  |  |  |

## （2）将来のストーリー

### ④事業計画の取組み

　現在保有する経営資源を起点として、どのような成果を目指して何に取り組んでいくのかを記載します。取組みには、大きく分けて2つあります。1つ目は、事業の取組みに必要であるが現在不足している経営資源の獲得、2つ目は事業の取組みそのものです。すでに十分な経営資源を保有している場合には2つ目の取組みのみになります。取組みの成果については、後に定量的に検証できるようにするため、あらかじめ一定の指標（KPI[6]）を定めておくとよいでしょう。

---

### ヒアリングのポイント

「今回の事業計画において取り組むことは何ですか？」

「今回の事業計画の取組みに必要な設備投資は何ですか？」

「事業計画の取組みについての評価指標と目標値を教えてください。」

「今回の事業遂行に必要な、社内外の体制を教えてください。」

- ・取組みについての記載は、例えば事業年度ごとの計画表、プロジェクトごとの工程表等の形式でもよい。
- ・社内の体制は、組織図を用いて説明するとよい。

---

### 事業計画の取組み

---

6 Key Performance Indicators　重要業績評価指標

 は本文中の三角マーカー部分。

## ■事業の取組みの例示

　ものづくり補助金の申請のための事業計画であれば、サービス業、製造業においてそれぞれ必ず実施しなければならない取組みが定められています。中でもサービス業における取組みについては、ものづくり補助金申請以外の目的において事業計画を策定する場合でも参考となると思いますので、以下にご紹介します。

（サービス業における取組みの例示）

　「生産性向上ガイドライン」に、成長のための具体的手法として示されるものです。それぞれの手法の詳細はP160または「生産性向上ガイドライン」をご参照ください。

| 労働生産性の向上 | | |
|---|---|---|
| | 付加価値の向上 | (1)新規顧客層への展開 |
| | | (2)商圏の拡大 |
| | | (3)独自性・独創性の発揮 |
| | | (4)ブランド力の強化 |
| | | (5)顧客満足度の向上 |
| | | (6)価値や品質の見える化 |
| | | (7)機能分化・連携 |
| | | (8)IT利活用（付加価値向上につながる利活用） |
| | 効率の向上 | (9)サービス提供プロセスの改善 |
| | | (10)IT利活用（効率化につなげるための利活用） |

## ⑤将来の目標

　事業計画の取組み後の将来の目標について記載します。

　今回の事業計画の取組みが終わった時点を起点として、そのときに保有する経営資源を元手に今度は何にチャレンジしていくのか、そしてそれを繰り返しながら長期的に何を目指していくのかを考えます。

　単に事業の拡大を目指すだけでなく、例えば地域経済への貢献、雇用促進、海外進出や海外需要の取り込みといったシナリオは、国の補助金事業としての成功にもつながり高評価となる可能性が高いため、ぜひ記載していただきたいと思います。

| ヒアリングのポイント |
|---|
| 「事業計画後の将来の目標は何でしょうか？」<br>「将来の夢を聞かせてください。」 |

▼

| 将来の目標 |
|---|
| |

# ✔ チェックポイント!

■ 事業計画にストーリー性があると説得力や信頼感は格段に向上。

■ 「ストーリーシート」で過去から将来にわたる一連のストーリーを整理。

■ ストーリーの流れ

> 過去の「経歴、実績」
> ⇩
> そこから生まれた「気づき、アイディア」「経営資源」
> ⇩
> それらを活かしてこれから始める「事業計画の取組み」
> ⇩
> 「将来の目標」

■ いずれの補助金を狙う場合でも、事業計画の取組みの内容・手法については、「生産性向上ガイドライン」が参考になる。

# 損益計画

「事業骨格シート」「ストーリーシート」の作成を通じて入手した情報を基に、損益計画を作成していきます。ここでは、月次の損益計画の作成例をご紹介していますが、目的に応じて適宜、四半期ごと、年度ごと等にて作成してください。なお、一度策定した事業計画は、その後に変更や修正、検証を行っていきますので、必ず計算の根拠とした諸条件を記載しておくようにしましょう。

以下は、損益計画の雛型の一例です。

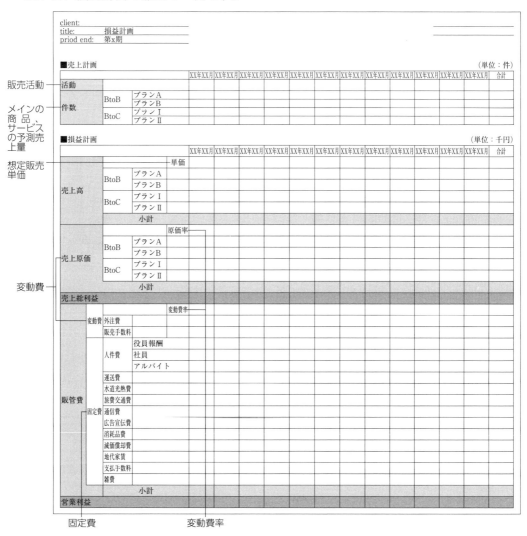

## （1）売上計画

### ■販売活動

　毎月の販売にかかる活動の計画、例えば、「A社から定期受注開始」「B製品の販売開始」「オンライン販売の開始」「C店舗での委託販売開始」「雑誌広告掲載」のように、定性的な情報を記載します。販売活動を予測売上高と併記することで、予測売上高の説得力を増すことができます。活動が追加的な費用を伴うものであるならば、その月の対応する損益計画の費目を増加させます。例えば、1か月間雑誌広告を掲載する計画なのであれば、活動のところにその旨を記載して、その月の広告宣伝費に雑誌広告料を記載します。

### ■メインの商品・サービスの予測売上量

　予測売上量は、基本的には経営者の経験や希望による予測に基づきますが、以下の売上量を上限に、実現可能性の高い計画の作成を目指します。

・事業骨格シートの「誰に」の「ターゲット」「市場分析」において検討した規模感覚に基づく売上量。通常は予想売上量そのものを想定することは難しいため、さらに予想売上量を構成するいくつかの要素にブレイクダウンすることで、より有益な予想を行うことができます。例えば、「商圏のターゲット層の人口×利用率×見込シェア」を計算することで、市場分析を踏まえた予測売上量を計算することができます。

・現在保有する経営資源で最大稼働した場合の売上量

　損益計画雛型では、予測売上量は売上計画の件数欄に、想定販売単価、想定原価率ごとに区分して記載します。例では、商品・サービスは、BtoB用のプランA、プランB、BtoC用のプランⅠ、プランⅡの4種類のパターンを想定しています。

## （2）損益計画

　予測売上高は、事業で提供するメインの商品・サービスの予測売上量と想定販売単価に基づき計算します。ただし、付随する商品・サービスについても金額が多額になる場合等には計画に含めてください。

> 予測売上高＝メインの商品・サービスの予測売上量×想定販売単価

### ■想定販売単価

　想定販売単価は、事業骨格シートの「何を」の「商品・サービス」で検討しました。商品・サービスのラインナップによって想定販売価格はいろいろとあると思いますが、損益計画においては計算が複雑になりすぎないようにするため、ある程度まとめて、例

えば「客単価」「1回あたりの取引単価」等に単純化してください。

損益計画雛型では、売上高の行の単価欄に記載します。

### ■変動費

変動費は、売上高に比例して発生する費用のことで、一般に損益計算書の中では、売上原価と販管費の一部になります。原価率及び販管費に含まれる変動費率は少なくとも計画期間にわたって一定であるという仮定で計算します。もしも途中でこれらが大きく変わる事象発生の計画があるならば、それも反映してください。

> 変動費＝予測売上げ×想定原価率＋予測売上げ×想定変動費率（販管費）

損益計画雛型では、売上原価の行の原価率欄、または販管費の変動費の行の変動費率欄に記載します。例では、販管費のうち、外注費及び販売手数料を変動費としています。

### ■固定費

固定費は、売上高に関係なく発生する費用のことで、一般に損益計算書の中では、販管費の一部になります。少なくとも計画期間にわたって毎月同額が発生すると仮定して計算します。もしも途中でこれが大きく変わる事象発生の計画があるならば、それも反映してください。

> 固定費＝想定固定費（販管費）

## （3）損益計画作成例

月次の損益計画の作成例をご紹介します。この損益計画はExcelで作成しており、売上高、売上原価、販管費の内の変動費は売上計画の件数と連動して計算されるように計算式を組み、また固定費については前月を参照するように設定します。一度この雛型で損益計画を作成すると、さまざまなシナリオに対応した損益計画をすぐに作ることができます。

損益計画作成のための前提条件

Z社は、工業製品zを企画販売する会社です。今期の売上計画としては、A社からの製品aの受注、及び、オリジナル製品bの開発、販売があります。製品の種類、販売先、販売方法ごとに区分すると以下のとおりです。

BtoB

　プランＡ……Ａ社向けａ製品の販売

　　　　　Ｚ社は２月からＡ社からのOEMの定期受注が決定していま
　　　　　す。件数は1,000件/月、販売単価は3,000円、原価率は60%の
　　　　　予定です。

　プランＢ……商社向けｂ製品の販売

　　　　　Ｚ社オリジナル製品ｂの開発が完了し、４月から商社向けに販
　　　　　売を開始します。当初はＡ社に対して100件/月を販売する予定
　　　　　ですが、その後はその他商社に対しても販路を拡大していく予
　　　　　定です。製品ｂの販売単価は5,000円、原価率は50%です。

BtoC

　プランⅠ……一般消費者向けｂ製品の一般販売

　　　　　製品ｂは、７月から一般消費者に向けてオンライン販売を行い
　　　　　ます。当初は200件/月の販売を見込んでいますが、９月にプラ
　　　　　ンⅡを実行してＣ店舗での取扱いが始まると知名度が上がるこ
　　　　　とから、500件/月に、さらに12月の年末商戦のタイミングで雑
　　　　　誌広告掲載を行って1,000件/月まで拡大する予定です。販売単
　　　　　価は5,000円、原価率は55%、オンライン販売手数料は売上高
　　　　　に対して３%となります。

　プランⅡ……一般消費者向けｂ製品の委託販売

　　　　　９月から製品ｂをＣ店舗で委託販売します。Ｃ店舗は主要都市
　　　　　で多店舗展開しているため当初から500件/月の販売を見込んで
　　　　　おり、12月は雑誌広告掲載の効果で1,000件/月となると予測し
　　　　　ています。販売単価は5,000円、原価率は55%、委託販売手数料
　　　　　は売上高に対して５%となります。

ver.1.0
20XX/X/X

| | |
|---|---|
| client: | |
| title: | 損益計画作成例 |
| period end: | 第x期 |

## ■売上計画 (単位：件)

**活動**：2月＝A社から定期受注開始／4月＝B製品の販売開始／7月＝オンライン販売開始／9月＝C店舗での委託販売開始／12月＝雑誌広告掲載

| | | 単価 | XX年1月 | XX年2月 | XX年3月 | XX年4月 | XX年5月 | XX年6月 | XX年7月 | XX年8月 | XX年9月 | XX年10月 | XX年11月 | XX年12月 | 合計 | 計算式 |
|---|---|---|---|---|---|---|---|---|---|---|---|---|---|---|---|---|
| 件数 BtoB | プランA A製品 | 3 | | 1,000 | 1,000 | 1,000 | 1,000 | 1,000 | 1,000 | 1,000 | 1,000 | 1,000 | 1,000 | 1,000 | 11,000 | =Q9*$E17 |
| | プランB B製品 | 5 | | | | 100 | 100 | 100 | 100 | 100 | 500 | 500 | 500 | 500 | 2,500 | =sum(Q17:Q20) |
| 件数 BtoC | プランI オンライン販売 | 5 | | | | | | | 200 | 200 | 500 | 500 | 500 | 1,000 | 2,900 | |
| | プランII C店舗委託販売 | 5 | | | | | | | | | 500 | 500 | 500 | 1,000 | 2,500 | |

## ■損益計画 (単位：千円)

| | | 単価／率／原価率 | XX年1月 | XX年2月 | XX年3月 | XX年4月 | XX年5月 | XX年6月 | XX年7月 | XX年8月 | XX年9月 | XX年10月 | XX年11月 | XX年12月 | 合計 | 計算式 |
|---|---|---|---|---|---|---|---|---|---|---|---|---|---|---|---|---|
| **売上高** BtoB | プランA | 3 | | 3,000 | 3,000 | 3,000 | 3,000 | 3,000 | 3,000 | 3,000 | 3,000 | 3,000 | 3,000 | 3,000 | 33,000 | =Q9*$E17 |
| | プランB | 5 | | | | 500 | 500 | 500 | 500 | 1,000 | 2,500 | 2,500 | 2,500 | 2,500 | 12,500 | |
| 売上高 BtoC | プランI | 5 | | | | | | | 1,000 | 1,000 | 2,500 | 2,500 | 2,500 | 5,000 | 14,500 | |
| | プランII | 5 | | | | | | | | | 2,500 | 2,500 | 2,500 | 5,000 | 12,500 | |
| | 小計 | | 0 | 3,000 | 3,000 | 3,500 | 3,500 | 3,500 | 4,500 | 4,500 | 10,500 | 10,500 | 10,500 | 15,500 | 72,500 | =sum(Q17:Q20) |
| **売上原価** BtoB | プランA | 60% | | 1,800 | 1,800 | 1,800 | 1,800 | 1,800 | 1,800 | 1,800 | 1,800 | 1,800 | 1,800 | 1,800 | 19,800 | =Q17*$E23 |
| | プランB | 50% | | | | 250 | 250 | 250 | 250 | 250 | 1,250 | 1,250 | 1,250 | 1,250 | 6,250 | |
| 売上原価 BtoC | プランI | 55% | | | | | | | 550 | 550 | 1,375 | 1,375 | 1,375 | 2,750 | 7,975 | |
| | プランII | 55% | | | | | | | | | 1,375 | 1,375 | 1,375 | 2,750 | 6,875 | |
| | 小計 | | 0 | 1,800 | 1,800 | 2,050 | 2,050 | 2,050 | 2,600 | 2,600 | 5,800 | 5,800 | 5,800 | 8,550 | 40,900 | =sum(Q23:Q26) |
| **売上総利益** | | | 0 | 1,200 | 1,200 | 1,450 | 1,450 | 1,450 | 1,900 | 1,900 | 4,700 | 4,700 | 4,700 | 6,950 | 31,600 | =Q21-Q27 |

| | | 変動費率 | XX年1月 | XX年2月 | XX年3月 | XX年4月 | XX年5月 | XX年6月 | XX年7月 | XX年8月 | XX年9月 | XX年10月 | XX年11月 | XX年12月 | 合計 | 計算式 |
|---|---|---|---|---|---|---|---|---|---|---|---|---|---|---|---|---|
| **販管費** 変動費 | 外注費 オンライン販売 | 3% | | | | | | | 30 | 30 | 75 | 75 | 75 | 150 | 435 | =Q19*$E30 |
| | 販売手数料 C店舗委託販売 | 5% | | | | | | | | | 125 | 125 | 125 | 250 | 625 | =Q20*$E31 |
| 固定費 人件費 | 役員報酬 | | 500 | 500 | 500 | 500 | 500 | 500 | 500 | 500 | 500 | 500 | 500 | 500 | 6,000 | =P32 |
| | 社員 | | | 300 | 300 | 300 | 300 | 300 | 600 | 600 | 600 | 600 | 600 | 600 | 5,100 | 社員1名増員 |
| | アルバイト | | 150 | 150 | 150 | 150 | 150 | 150 | 150 | 150 | 150 | 150 | 150 | 150 | 1,800 | |
| 運送費 | | | 20 | 20 | 20 | 20 | 20 | 20 | 20 | 20 | 20 | 20 | 20 | 20 | 240 | |
| 水道光熱費 | | | 50 | 50 | 50 | 50 | 50 | 50 | 50 | 50 | 50 | 50 | 50 | 50 | 600 | |
| 旅費交通費 | | | | | | | | | | | | | | | 0 | |
| 通信費 | | | 30 | 30 | 30 | 30 | 30 | 30 | 30 | 30 | 30 | 30 | 30 | 30 | 360 | |
| 広告宣伝費 | | | | | 100 | 100 | 100 | 100 | 100 | 100 | 100 | 100 | 100 | 1,600 | 2,500 | 活動に対応した費用を計上 |
| 消耗品費 | | | 30 | 30 | 30 | 30 | 30 | 30 | 30 | 30 | 30 | 30 | 30 | 30 | 360 | |
| 減価償却費 | | | | | | | | | | | | | | | 0 | |
| 地代家賃 | | | 250 | 250 | 250 | 250 | 250 | 250 | 250 | 250 | 250 | 250 | 250 | 250 | 3,000 | |
| 支払手数料 | | | 30 | 30 | 30 | 30 | 30 | 30 | 30 | 30 | 30 | 30 | 30 | 30 | 360 | |
| 雑費 | | | 30 | 30 | 30 | 30 | 30 | 30 | 30 | 30 | 30 | 30 | 30 | 30 | 360 | |
| | 小計 | | 1,090 | 1,390 | 1,490 | 1,490 | 1,490 | 1,490 | 1,820 | 1,820 | 1,990 | 1,990 | 1,990 | 3,690 | 21,740 | =sum(Q30:Q44) |
| **営業利益** | | | −1,090 | −190 | −290 | −40 | −40 | −40 | 80 | 80 | 2,710 | 2,710 | 2,710 | 3,260 | 9,860 | =Q28-Q45 |

115

■売上高

　売上計画の件数と想定販売単価を掛ける計算式を入力して売上高を計算します。

■売上原価

　売上高と想定原価率を掛ける計算式を入力して売上原価を計算します。

■販管費（変動費）

　売上高と想定変動費率を掛ける計算式を入力して変動費を計算します。

■販管費（固定費）

　計画初月の金額を入力した後、基本的には毎月固定的に発生すると仮定して、翌月以降は先月の金額を参照する計算式とします。ただし、途中から人員が増加する場合、売上計画に対応する追加的な費用がある場合には個別に記載します。

■シナリオ変更対応例

　上記のとおり損益計画をExcelで計算式を用いて作成することが大変効率的です。例えば製品ｂの類似品が登場したため販売単価を5,000円から4,500円に減額改定せざるを得ないというシナリオ変更が生じた場合、売上高の行の単価欄（E18、E19、E20）を5から4.5と変更します。たった3つの数字を変更するだけですので、このシナリオ変更後の損益計画は10秒もかからずに完成するのです。

## チェックポイント！

■ 損益計画は、「事業骨格シート」「ストーリーシート」と整合的に。

■ 申請する補助金のフォーマットを確認して必要十分な期間、タームで作成。

■ 補助金申請用の損益計画は、シンプルな計算で十分。

■
　予測売上＝メインの商品・サービスの予測売上量×想定販売単価
　変動費＝予測売上×想定原価率＋予測売上×想定変動費率（販管費）
　固定費＝想定固定費（販管費）
　営業利益＝予測売上－固定費－変動費

■ 雛型をExcelで作成しておくと、さまざまなシナリオに即時対応可能。

# C₅ 資金計画

「事業骨格シート」「ストーリーシート」及び損益計画の作成を通じて入手した情報を基に、資金計画を作成していきます。資金計画には、大きく2種類があります。1つは事業開始にあたっての資金計画、もう1つは資金繰り表です。

## （1）事業開始にあたっての資金計画

事業を開始するにあたって、その資金をどのように準備するかについて計画を立てる必要があります。

資金計画策定の手順は、初めに設備投資及び運転資金として必要な資金を集計し、次にその額をどこからいくら調達するかの計画を立てます。なお、計画期間の途中で段階的に投資が必要になる場合もありますが、それについても同様の手順で資金計画を立ててください。

以下は、事業開始にあたって作成する資金計画表の一例です。

client:
title: 事業開始にあたっての資金計画表
priod end: 第x期

（単位：千円）

| 必要な資金 | | 金額 | 調達の方法 | 金額 |
|---|---|---|---|---|
| 設備資金 | 店舗、工場、機械、備品、車両など<br>（内訳） | | 自己資金 | |
| | | | 親、兄弟、知人、友人等からの借入金<br>（内訳・返済方法） | |
| | | | 金融機関からの借入金<br>（内訳・返済方法） | |
| 運転資金 | 商品仕入、経費支払資金など<br>（内訳） | | | |
| 必要資金合計 | | | 調達資金合計 | |

### ■設備資金

事業開始にあたって、特に貸借対照表の固定資産に計上される経営資源を取得するための支出を記載します。例えば、店舗、工場、機械、備品、車両等の取得が該当します。

## ■運転資金

　事業開始にあたって、設備資金に該当しない経営資源を取得するための支出を計上します。例えば、必要な人材を確保するための募集費、新商品・サービスを周知するための広告宣伝費等が該当します。

　また、計画している事業から想定している通常の売上げが確保できるまでの期間（一般的なビジネスモデルでは3か月を想定するケースが多いと思います）の支出を記載します。例えば、商品仕入、経費支払い、賃金等です。設備投資以外の支出も含めるのは、事業が軌道に乗る前に資金ショートとならないようにするためです。

## ■必要資金合計

　事業開始にあたっての必要資金合計とは、設備資金と運転資金の合計額です。この金額が資金調達の目標額となります。

## ■調達の方法：自己資金

　計画している事業のためだけに使用できる個人または法人の余剰資金です。

## ■調達の方法：親、兄弟、知人、友人等からの借入金

　金融機関以外からの借入れを行う場合にその金額を記載します。利率や返済スケジュールも記載します。

## ■調達の方法：金融機関からの借入金

　金融機関からの借入れを行う場合にその金額を記載します。利率や返済スケジュールも記載します。

## ■調達資金合計

　各調達方法による調達額の合計額です。保守的に考えれば必要資金の合計を上回る金額を確保したいところですが、資金計画表においては、必要資金合計と調達資金合計とは一致させます。

　参考までに、新規創業の場合の資金調達の内訳について、日本政策金融公庫総合研究所による調査結果は以下のとおりとなっています。

| Q4 | 自己資金はどれくらいあればよいですか？ | ∧ |
| --- | --- | --- |

A　一概には言えませんが、日本政策金融公庫総合研究所の「新規開業実態調査」のデータによると、創業資金調達総額に占める自己資金の割合は24％となっています。

同調査によると、事業開始からおよそ１年間のうちに黒字基調となった企業は全体の約60％との結果が出ています。借入に依存した計画では、思っていたほど売上が上がらなかったり、予想外の出費がかさんだりすると、資金繰りが苦しくなる場合があります。自己資金と借入金のバランスを考え、ゆとりを持った資金計画を立てることが大切です。

**■ 創業資金の調達額（平均）**

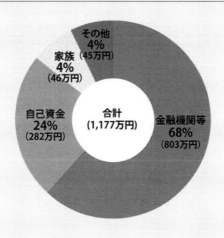

（日本政策金融公庫HP　創業計画Q&A[7]より）

## （2）資金繰り表

　資金繰り表は、事業計画期間中に資金ショートとならないようにするため、収入、支出、現預金残高を管理するための表です。資金繰り表を利用して、少なくとも計画上で資金ショートがないことを確かめることも大切ですが、実際に事業に取り組む際に実績値で更新していくことも重要です。もしも期中に資金ショートしてしまう見通しとなってしまったならば、収入、支出の見直しや借入れ等による追加的な資金調達を実施する等の措置を講じる必要があります。

　以下は、日本政策金融公庫で使用されている月次資金繰り表です。

C 事業計画

C 5 資金計画

---

7　https://www.jfc.go.jp/n/finance/sougyou/sougyou02.html#q04

## 資金繰り予定又は実績表
### （自令和　年　月　至令和　年　月）

（単位　百万円）

（日本政策金融公庫HP　資金繰り表より）
https://www.jfc.go.jp/n/service/dl_chusho.html

| | 期首 | 年月 | 年月 | 年月 | 年月 | 年月 | 年月 | 年月 | 年月 | 年月 | 年月 | 年月 | 合計 |
|---|---|---|---|---|---|---|---|---|---|---|---|---|---|
| 売上高 （A） | | 0.0 | 0.0 | 0.0 | 0.0 | 0.0 | 0.0 | 0.0 | 0.0 | 0.0 | 0.0 | 0.0 | 0.0 |
| 仕入・外注費 | | | | | | | | | | | | | 0.0 |
| 前期繰越現金・当座預金 | | 0.0 | | | | | | | | | | 0.0 | |
| 収入　売上現金回収 | | 0.0 | 0.0 | 0.0 | 0.0 | 0.0 | 0.0 | 0.0 | 0.0 | 0.0 | 0.0 | 0.0 | 0.0 |
| 　　　売掛金現金回収 | | | | | | | | | | | | | 0.0 |
| 　　　受取手形期日落 | | | | | | | | | | | | | 0.0 |
| 　　　受取手形割引落 | | | | | | | | | | | | | 0.0 |
| 　　　前期割引手形落込 | | | | | | | | | | | | | 0.0 |
| 　　　その他収入 | | | | | | | | | | | | | 0.0 |
| 　　　収入合計 （B） | | 0.0 | 0.0 | 0.0 | 0.0 | 0.0 | 0.0 | 0.0 | 0.0 | 0.0 | 0.0 | 0.0 | 0.0 |
| 支出　仕入現金支払 | | | | | | | | | | | | | 0.0 |
| 　　　買掛金現金支払 | | | | | | | | | | | | | 0.0 |
| 　　　支払手形決済 | | | | | | | | | | | | | 0.0 |
| 　　　賃金給与 | | | | | | | | | | | | | 0.0 |
| 　　　その他経費 | | | | | | | | | | | | | 0.0 |
| 　　　支払利息・割引料 | | | | | | | | | | | | | 0.0 |
| 　　　支出合計 （C） | | 0.0 | 0.0 | 0.0 | 0.0 | 0.0 | 0.0 | 0.0 | 0.0 | 0.0 | 0.0 | 0.0 | 0.0 |
| 差引　経常収支過不足 （D=B-C） | | 0.0 | 0.0 | 0.0 | 0.0 | 0.0 | 0.0 | 0.0 | 0.0 | 0.0 | 0.0 | 0.0 | 0.0 |
| 収入　固定資産等売却収入 計 （E） | | 0.0 | 0.0 | 0.0 | 0.0 | 0.0 | 0.0 | 0.0 | 0.0 | 0.0 | 0.0 | 0.0 | 0.0 |
| 支出　税金・役員賞与配当 | | | | | | | | | | | | | 0.0 |
| 　　　固定資産等購入支払（除く手形） | | | | | | | | | | | | | 0.0 |
| 　　　固定資産等購入支払手形決済 | | | | | | | | | | | | | 0.0 |
| 　　　支出合計 （F） | | 0.0 | 0.0 | 0.0 | 0.0 | 0.0 | 0.0 | 0.0 | 0.0 | 0.0 | 0.0 | 0.0 | 0.0 |
| 差引　経常外収支過不足 （G=E-F） | | 0.0 | 0.0 | 0.0 | 0.0 | 0.0 | 0.0 | 0.0 | 0.0 | 0.0 | 0.0 | 0.0 | 0.0 |
| 収入　長期借入金調達 | | | | | | | | | | | | | 0.0 |
| 　　　短期借入金調達 | | | | | | | | | | | | | 0.0 |
| 　　　定期預金取り崩し | | | | | | | | | | | | | 0.0 |
| 　　　増資 | | | | | | | | | | | | | 0.0 |
| 　　　計 （H） | | 0.0 | 0.0 | 0.0 | 0.0 | 0.0 | 0.0 | 0.0 | 0.0 | 0.0 | 0.0 | 0.0 | 0.0 |
| 支出　長期借入金返済 | | | | | | | | | | | | | 0.0 |
| 　　　短期借入金返済 | | | | | | | | | | | | | 0.0 |
| 　　　定期預金預け入れ | | | | | | | | | | | | | 0.0 |
| 　　　計 （I） | | 0.0 | 0.0 | 0.0 | 0.0 | 0.0 | 0.0 | 0.0 | 0.0 | 0.0 | 0.0 | 0.0 | 0.0 |
| 差引　財務収支過不足 （J=H-I） | | 0.0 | 0.0 | 0.0 | 0.0 | 0.0 | 0.0 | 0.0 | 0.0 | 0.0 | 0.0 | 0.0 | 0.0 |
| 翌月繰越現金・当座預金 （A+D+G+J） | | 0.0 | 0.0 | 0.0 | 0.0 | 0.0 | 0.0 | 0.0 | 0.0 | 0.0 | 0.0 | 0.0 | |
| 売掛金 | | 0.0 | 0.0 | 0.0 | 0.0 | 0.0 | 0.0 | 0.0 | 0.0 | 0.0 | 0.0 | 0.0 | |
| 受取手形 | | 0.0 | 0.0 | 0.0 | 0.0 | 0.0 | 0.0 | 0.0 | 0.0 | 0.0 | 0.0 | 0.0 | |
| 買掛金 | | 0.0 | 0.0 | 0.0 | 0.0 | 0.0 | 0.0 | 0.0 | 0.0 | 0.0 | 0.0 | 0.0 | |
| 支払手形 | | 0.0 | 0.0 | 0.0 | 0.0 | 0.0 | 0.0 | 0.0 | 0.0 | 0.0 | 0.0 | 0.0 | |
| 設備等営業外手形 | | 0.0 | 0.0 | 0.0 | 0.0 | 0.0 | 0.0 | 0.0 | 0.0 | 0.0 | 0.0 | 0.0 | |
| 期末短期借入金 | | 0.0 | 0.0 | 0.0 | 0.0 | 0.0 | 0.0 | 0.0 | 0.0 | 0.0 | 0.0 | 0.0 | |
| 期末長期借入金 | | 0.0 | 0.0 | 0.0 | 0.0 | 0.0 | 0.0 | 0.0 | 0.0 | 0.0 | 0.0 | 0.0 | |
| 割引手形 | | 0.0 | 0.0 | 0.0 | 0.0 | 0.0 | 0.0 | 0.0 | 0.0 | 0.0 | 0.0 | 0.0 | |

■経常収支

　損益計画に基づく予測収入、予測支出を記載します。売上げ、仕入、人件費、その他経費についての支払いサイトを確認することで作成が可能です。

■経常外収支

　本業での収支以外の資産取得や、資産売却による収支を記載します。事業開始のための資金計画表の「設備資金」の各支出は、投資活動収支の「資産取得・設備投資」の欄に記載します。

■財務収支

　資金調達、返済に関する収支を記載します。事業開始のための資金計画表の「調達資金」の各収入は、財務活動収支の「収入」の各項目に記載します。

■翌月繰越現金・当座預金

　翌月繰越現金・当座預金は必ず毎月プラスである必要があります。資金繰り表の作成途中においてマイナスの月がある場合には、借入れ等の資金調達や投資活動の先送り等の措置を講じることで、マイナスを回避する必要があります。

## （3）資金調達として補助金を活用する場合

　資金調達として補助金を活用する場合には、補助金の交付が実際の投資よりも後になるという点に気を付ける必要があります。つまり、補助金交付希望額について、あらかじめ別途資金調達を行う必要があるということです。

　資金計画表は、事業開始にあたっての資金計画と似ていますが、補助金交付希望額に例えば「ものづくり補助金1,000万円」と記載するならば、さらにその右の欄に、補助金が交付されるまでに行う同額の資金調達計画を記載する必要があります。

| client: | | | | | | |
| --- | --- | --- | --- | --- | --- | --- |
| title: 事業開始にあたっての資金計画表（補助金あり） | | | | | | |
| priod end: 第x期 | | | | | | |

（単位：千円）

| 必要な資金 | | 金額 | 調達の方法 | 金額 | | |
| --- | --- | --- | --- | --- | --- | --- |
| 設備資金 | 店舗、工場、機械、備品、車両など<br>(内訳) | | 自己資金 | | | |
| | | | 親、兄弟、知人、友人等からの借入金<br>(内訳・返済方法) | | | |
| | | | 金融機関からの借入金<br>(内訳・返済方法) | | | |
| 運転資金 | 商品仕入、経費支払資金など<br>(内訳) | | | | | |
| | | | 補助金交付希望額 | | 調達の方法 | 金額 |
| | | | | | | |
| | | | | | 調達資金合計 | |
| 必要資金合計 | | | 調達資金合計 | | | |

　補助金の金額が大きい場合には、補助金を受領した期の納税資金が大きくなる可能性があります。また、飛躍的に業績が向上する損益計画の場合には、収益納付ということも起こり得るでしょう。これらの場合には、あらかじめその支出についてシミュレーションしておくことが望ましいといえます。

## （4）資金計画作成例

　C4（3）の損益計画作成例を用いて、資金計画の作成例をご紹介します。資金計画の作成のために、以下の条件を追加します。

> 資金計画作成のための前提条件
> ・Z社は当期1月に資本金300万円で設立された法人です。
> ・C4（3）の損益計画とは別に、法人設立費用22万円、事務所賃貸借契約時の敷金150万円が発生します。
> ・売上の入金、売上原価及び販管費の支払は発生当月に行われます。
> ・D銀行から300万円を借入れ、返済は毎月5万円を60回で行います。借入利息は、今期は5千円/月とします。

## ① 事業開始にあたっての資金計画

```
client:
title:      事業開始にあたっての資金計画表
priod end: 第1期
```

(単位：千円)

| 必要な資金 | | 金額 | 調達の方法 | 金額 |
|---|---|---|---|---|
| 設備資金 | 店舗、工場、機械、備品、車両など<br>（内訳）<br>店舗敷金　25万×6ヶ月分 | 1,500<br><br>1,500 | 自己資金<br>資本金 | <br>3,000 |
| | | | 親、兄弟、知人、友人等からの借入金<br>（内訳・返済方法） | |
| | | | 金融機関からの借入金<br>（内訳・返済方法） | |
| 運転資金 | 商品仕入、経費支払資金など<br>（内訳）<br>商品仕入（損益計画1月〜2月の合計）<br>経費支払（損益計画1月〜2月の合計）<br>設立費用 | 4,500<br><br>1,800<br>2,480<br>220 | D銀行からの借入（毎月5万円×60回で返済） | 3,000 |
| 必要資金合計 | | 6,000 | 調達資金合計 | 6,000 |

### ■設備資金

　事務所賃貸借契約時に支払う敷金を設備資金として記載しています。今回のケースではこれ以外の設備資金はありません。

### ■運転資金

　商品仕入分及び経費支払分として、1月から2月までに支払う仕入代金（損益計画の売上原価）及び経費支払（損益計画の販管費）を記載しています。なお、運転資金として3か月分程度の仕入代金及び経費支払相当額が記載されることがよくありますが、入金サイト、支払いサイトを把握したうえで個々のケースごとに検討します。

　設立費用も運転資金欄に記載しています。

### ■自己資金

資本金300万円を自己資金として記載しています。

### ■金融機関からの借入金

　上記までの必要資金と調達資金の差額で借入金額を決定します。すなわち、必要資金は設備資金150万円と運転資金450万円の合計600万円となりますが、これに対して用意した自己資金は300万円であり、必要資金を満たしません。このため差額の300万円を金融機関からの借入金で賄う計画となっています。

### ②資金繰り表

## 資金繰り予定表
### (自令和XX年1月 至令和XX年12月)

（単位：千円）

| | | 期首 | XX年1月 | XX年2月 | XX年3月 | XX年4月 | XX年5月 | XX年6月 | XX年7月 | XX年8月 | XX年9月 | XX年10月 | XX年11月 | XX年12月 | 合計 |
|---|---|---|---|---|---|---|---|---|---|---|---|---|---|---|---|
| 売上高 | | | | 3,000.0 | 3,000.0 | 3,500.0 | 3,500.0 | 3,500.0 | 4,500.0 | 4,500.0 | 10,500.0 | 10,500.0 | 10,500.0 | 15,500.0 | 72,500.0 |
| 仕入・外注費 | | | | 1,800.0 | 1,800.0 | 2,050.0 | 2,050.0 | 2,050.0 | 2,600.0 | 2,600.0 | 5,800.0 | 5,800.0 | 5,800.0 | 8,550.0 | 40,900.0 |
| 前月繰越現金・当座預金 (A) | | | 0.0 | 3,135.0 | 2,890.0 | 2,545.0 | 2,450.0 | 2,355.0 | 2,260.0 | 2,285.0 | 2,310.0 | 4,965.0 | 7,620.0 | 10,275.0 | |
| 経常 収入 | 現金売上 | | 0.0 | 3,000.0 | 3,000.0 | 3,500.0 | 3,500.0 | 3,500.0 | 4,500.0 | 4,500.0 | 10,500.0 | 10,500.0 | 10,500.0 | 15,500.0 | 72,500.0 |
| | 売掛金現金回収 | | 0.0 | 0.0 | 0.0 | 0.0 | 0.0 | 0.0 | 0.0 | 0.0 | 0.0 | 0.0 | 0.0 | 0.0 | 0.0 |
| | 受取手形期日回収 | | 0.0 | 0.0 | 0.0 | 0.0 | 0.0 | 0.0 | 0.0 | 0.0 | 0.0 | 0.0 | 0.0 | 0.0 | 0.0 |
| | 受取手形割引落 | | 0.0 | 0.0 | 0.0 | 0.0 | 0.0 | 0.0 | 0.0 | 0.0 | 0.0 | 0.0 | 0.0 | 0.0 | 0.0 |
| | 受取手形裏書譲渡 | | 0.0 | 0.0 | 0.0 | 0.0 | 0.0 | 0.0 | 0.0 | 0.0 | 0.0 | 0.0 | 0.0 | 0.0 | 0.0 |
| | その他の収入 | | 0.0 | 0.0 | 0.0 | 0.0 | 0.0 | 0.0 | 0.0 | 0.0 | 0.0 | 0.0 | 0.0 | 0.0 | 0.0 |
| | 収入合計 (B) | | 0.0 | 3,000.0 | 3,000.0 | 3,500.0 | 3,500.0 | 3,500.0 | 4,500.0 | 4,500.0 | 10,500.0 | 10,500.0 | 10,500.0 | 15,500.0 | 72,500.0 |
| 収支 支出 | 現金仕入・買掛金現金支払 | | 0.0 | 1,800.0 | 1,800.0 | 2,050.0 | 2,050.0 | 2,050.0 | 2,600.0 | 2,600.0 | 5,800.0 | 5,800.0 | 5,800.0 | 8,550.0 | 40,900.0 |
| | 支払手形決済 | | 0.0 | 0.0 | 0.0 | 0.0 | 0.0 | 0.0 | 0.0 | 0.0 | 0.0 | 0.0 | 0.0 | 0.0 | 0.0 |
| | 賃金給与 | | 650.0 | 950.0 | 950.0 | 950.0 | 950.0 | 950.0 | 1,250.0 | 1,250.0 | 1,250.0 | 1,250.0 | 1,250.0 | 1,250.0 | 12,900.0 |
| | その他経費 | | 660.0 | 440.0 | 540.0 | 540.0 | 540.0 | 540.0 | 570.0 | 570.0 | 740.0 | 740.0 | 740.0 | 2,440.0 | 9,060.0 |
| | 支払利息・割引料 | | 5.0 | 5.0 | 5.0 | 5.0 | 5.0 | 5.0 | 5.0 | 5.0 | 5.0 | 5.0 | 5.0 | 5.0 | 60.0 |
| | 支出合計 (C) | | 1,315.0 | 3,195.0 | 3,295.0 | 3,545.0 | 3,545.0 | 3,545.0 | 4,425.0 | 4,425.0 | 7,795.0 | 7,795.0 | 7,795.0 | 12,245.0 | 62,920.0 |
| | 差引過不足 (D=B-C) | | -1,315.0 | -195.0 | -295.0 | -45.0 | -45.0 | -45.0 | 75.0 | 75.0 | 2,705.0 | 2,705.0 | 2,705.0 | 3,255.0 | 9,580.0 |
| 経常外 収入 | 固定資産等売却収入 | | 1,500.0 | 0.0 | 0.0 | 0.0 | 0.0 | 0.0 | 0.0 | 0.0 | 0.0 | 0.0 | 0.0 | 0.0 | 1,500.0 |
| | 収入合計 (E) | | 1,500.0 | 0.0 | 0.0 | 0.0 | 0.0 | 0.0 | 0.0 | 0.0 | 0.0 | 0.0 | 0.0 | 0.0 | 1,500.0 |
| 収支 支出 | 税金・役員賞与等支払（除く手形支払） | | 0.0 | 0.0 | 0.0 | 0.0 | 0.0 | 0.0 | 0.0 | 0.0 | 0.0 | 0.0 | 0.0 | 0.0 | 0.0 |
| | 固定資産等購入支払（除く手形支払） | | 3,000.0 | 0.0 | 0.0 | 0.0 | 0.0 | 0.0 | 0.0 | 0.0 | 0.0 | 0.0 | 0.0 | 0.0 | 3,000.0 |
| | 固定資産等購入手形支払手形決済 | | 0.0 | 0.0 | 0.0 | 0.0 | 0.0 | 0.0 | 0.0 | 0.0 | 0.0 | 0.0 | 0.0 | 0.0 | 0.0 |
| | 支出合計 (F) | | 3,000.0 | 0.0 | 0.0 | 0.0 | 0.0 | 0.0 | 0.0 | 0.0 | 0.0 | 0.0 | 0.0 | 0.0 | 3,000.0 |
| | 差引過不足 (G=E-F) | | -1,500.0 | 0.0 | 0.0 | 0.0 | 0.0 | 0.0 | 0.0 | 0.0 | 0.0 | 0.0 | 0.0 | 0.0 | -1,500.0 |
| 財務 収入 | 長期借入金調達 | | 3,000.0 | 0.0 | 0.0 | 0.0 | 0.0 | 0.0 | 0.0 | 0.0 | 0.0 | 0.0 | 0.0 | 0.0 | 3,000.0 |
| | 短期借入金取り崩し | | 3,000.0 | 0.0 | 0.0 | 0.0 | 0.0 | 0.0 | 0.0 | 0.0 | 0.0 | 0.0 | 0.0 | 0.0 | 3,000.0 |
| | 定期預金取崩し | | 0.0 | 0.0 | 0.0 | 0.0 | 0.0 | 0.0 | 0.0 | 0.0 | 0.0 | 0.0 | 0.0 | 0.0 | 0.0 |
| | 収入合計 (H) | | 6,000.0 | 0.0 | 0.0 | 0.0 | 0.0 | 0.0 | 0.0 | 0.0 | 0.0 | 0.0 | 0.0 | 0.0 | 6,000.0 |
| 収支 支出 | 長期借入金返済 | | 0.0 | 0.0 | 0.0 | 0.0 | 0.0 | 0.0 | 0.0 | 0.0 | 0.0 | 0.0 | 0.0 | 0.0 | 0.0 |
| | 短期借入金返済 | | 50.0 | 50.0 | 50.0 | 50.0 | 50.0 | 50.0 | 50.0 | 50.0 | 50.0 | 50.0 | 50.0 | 50.0 | 600.0 |
| | 定期預金預け入れ | | 0.0 | 0.0 | 0.0 | 0.0 | 0.0 | 0.0 | 0.0 | 0.0 | 0.0 | 0.0 | 0.0 | 0.0 | 0.0 |
| | 支出合計 (I) | | 50.0 | 50.0 | 50.0 | 50.0 | 50.0 | 50.0 | 50.0 | 50.0 | 50.0 | 50.0 | 50.0 | 50.0 | 600.0 |
| | 差引過不足 (J=H-I) | | 5,950.0 | -50.0 | -50.0 | -50.0 | -50.0 | -50.0 | -50.0 | -50.0 | -50.0 | -50.0 | -50.0 | -50.0 | 5,400.0 |
| 翌月繰越現金・当座預金 (A+D+G+J) | | | 3,135.0 | 2,890.0 | 2,545.0 | 2,450.0 | 2,355.0 | 2,260.0 | 2,285.0 | 2,310.0 | 4,965.0 | 7,620.0 | 10,275.0 | 13,480.0 | |
| 残高 | 売掛金 | | 2,950.0 | 2,900.0 | 2,850.0 | 2,800.0 | 2,750.0 | 2,700.0 | 2,650.0 | 2,600.0 | 2,550.0 | 2,500.0 | 2,450.0 | 2,400.0 | 0.0 |
| | 受取手形 | | 0.0 | 0.0 | 0.0 | 0.0 | 0.0 | 0.0 | 0.0 | 0.0 | 0.0 | 0.0 | 0.0 | 0.0 | 0.0 |
| | 買掛金 | | 0.0 | 0.0 | 0.0 | 0.0 | 0.0 | 0.0 | 0.0 | 0.0 | 0.0 | 0.0 | 0.0 | 0.0 | 0.0 |
| | 支払手形 | | 0.0 | 0.0 | 0.0 | 0.0 | 0.0 | 0.0 | 0.0 | 0.0 | 0.0 | 0.0 | 0.0 | 0.0 | 0.0 |
| | 設備支払手形 | | 0.0 | 0.0 | 0.0 | 0.0 | 0.0 | 0.0 | 0.0 | 0.0 | 0.0 | 0.0 | 0.0 | 0.0 | 0.0 |
| | 短期営業外借入金 | | 2,950.0 | 2,900.0 | 2,850.0 | 2,800.0 | 2,750.0 | 2,700.0 | 2,650.0 | 2,600.0 | 2,550.0 | 2,500.0 | 2,450.0 | 2,400.0 | 0.0 |
| | 長期借入金 | | 0.0 | 0.0 | 0.0 | 0.0 | 0.0 | 0.0 | 0.0 | 0.0 | 0.0 | 0.0 | 0.0 | 0.0 | 0.0 |
| | 割引手形 | | 0.0 | 0.0 | 0.0 | 0.0 | 0.0 | 0.0 | 0.0 | 0.0 | 0.0 | 0.0 | 0.0 | 0.0 | 0.0 |

## ■経常収支

　損益計画の内容及び法人税設立費用、銀行借入利息を記載しています。事業の開始または拡大の局面では経常収支が赤字であることが一般的です。実現可能な資金調達の範囲内で、事業の規模やスピード感をコントロールすることが重要となります。

## ■経常外収支

　経常外収支の固定資産等購入支払の欄に、事務所賃貸借契約時の敷金の支払いを記載しています。

## ■財務収支

　財務収支の長期借入金欄に銀行からの借入額を、増資の欄に資本金の払込み額を記載しています。毎月の借入返済も財務収支に記載します。

## ③資金調達として補助金を活用する場合

　以下は、300万円の補助金申請を行う場合の例です。補助金相当額について、Ｄ銀行から借入れを行います。

client:
title:　　事業開始にあたっての資金計画表（補助金あり）
priod end: 第1期

（単位：千円）

| 必要な資金 | | 金額 | 調達の方法 | 金額 |
|---|---|---|---|---|
| 設備資金 | 店舗、工場、機械、備品、車両など<br>（内訳）<br>店舗敷金　25万×6ヶ月分 | 1,500<br><br>1,500 | 自己資金<br>資本金 | <br>3,000 |
| | | | 親、兄弟、知人、友人等からの借入金<br>（内訳・返済方法） | |
| | | | 金融機関からの借入金<br>（内訳・返済方法） | |
| 運転資金 | 商品仕入、経費支払資金など<br>（内訳）<br>商品仕入（損益計画1月～2月の合計）<br>経費支払（損益計画1月～2月の合計）<br>設立費用 | 4,500<br><br>1,800<br>2,480<br>220 | | |

| 補助金交付希望額 | 金額 | 調達の方法 | 金額 |
|---|---|---|---|
| M補助金 | 3,000 | D銀行からの借入（毎月5万円×60回で返済） | 3,000 |
| | | 調達資金合計 | 3,000 |

| 必要資金合計 | 6,000 | 調達資金合計 | 6,000 |
|---|---|---|---|

## ✓ チェックポイント!

■ 資金計画は、「事業骨格シート」「ストーリーシート」と整合的に。

■ 事業開始にあたっての資金計画と資金繰り表を作成。

■ 資金計画作成中に資金ショートが予想される場合には、回避策を必ず検討。

■ 補助金の交付は実際の投資よりも後≪後払い≫になるので注意。

■ 飛躍的に業績が向上する損益計画の場合は、補助金の返還≪収益納付≫のシミュレーションも。

■ 補助金の金額が大きい場合は、補助金にかかる納税シミュレーションを。

# D

## 申請書

採択される申請書類を作成する

# D<sub>1</sub> 採択される理由、採択されない理由

　補助金申請の結果は、抽選で採択・不採択が決まるのではありません。審査はあらかじめ定められた審査の方法に則って行われます。そこで、まずはどのような方法で審査が行われるのかを理解し、採択となるためにはどうすればよいかを検討します。

　審査に関しては、入学試験や資格試験をイメージしていただくといいと思います。試験では、誰も解けないような難問を解いたとしても、時間切れのために他が白紙であれば総合点として高得点をとることはできず、結果、不合格となるかもしれません。一方で、全体として大きな失点がない答案は合格ラインに届くことでしょう。

　補助金申請の場合にも、求められている項目について要領よくアピールし、採択ラインを超える高得点を目指していく必要があります。

## （1）審査の方法

（すべての申請書）

> **資格審査**
> 主に「補助対象事業者」に適合しているかを審査

（資格審査を通過した申請書）

> **書面審査**
> 外部専門家である審査委員が申請書類を審査項目ごとに採点
> 審査基準は、公募要領等に公表される

> 採択 or 不採択

### ■資格審査

　補助金の審査は、初めにすべての申請書類を対象に事務局において資格審査が行われます。ここでは主に、補助対象に適合しているか否かを確認します。例えば、事業再構

築補助金において、一定の売上減少が要件であるところ、売上が減少していない場合、補助対象事業者としての要件不適格ということが明らかですので、資格審査の時点で不採択が確定します。また、形式的な不備、例えば必須である書類の提出がない場合や、申請書の年度等が誤っている場合等にもここで不採択が確定します。

### ■書面審査

　資格審査を通過した申請書類は、書面審査へ進みます。書面審査は、外部有識者等の審査委員により構成される非公開の採択審査委員会において行われます。各審査委員は、申請書類について、公募要領等にあらかじめ公表されている審査基準に則り採点をします。申請書類の採点結果は集計されて、一定の点数以上のものが採択となります。

## （2）採択される理由

　申請書類は公募要領等で公表されている審査基準に則り採点され、合計が一定の点数以上を獲得すれば採択となります。採択されるためには、申請書の中にすべての審査基準に対して審査委員が一定以上の点数を付すような記載をすることが必要となります。

　そのためには、申請書の作成に先立ち、すべての審査基準に対してあらかじめ説明や資料をまとめる方法が有効です。そして、その説明や資料を、申請書の事業計画の中に審査委員に伝わりやすい形で記載します。

　申請書の事業計画には、当然、事業計画の骨格となる各要素を盛り込む必要があります。これらの要素と審査基準とが重複している場合もあります。このような場合には、通常の事業計画の説明の流れの中で、審査基準に対応する記載が目立つように段組みや枠線を利用すると読みやすく、かつ、審査基準のアピールもできるのでおすすめです。

### ■申請書の事業計画に盛り込むべき要素

＜事業計画の各要素＞
・事業骨格シート
・ストーリーシート
・損益計画
・資金計画
＜審査基準の説明やアピール＞
・ポイントシート（審査基準を網羅したワークシート）

■資格審査をクリアするために重要な事項

・公募要領、Q&A、記載例等をすべて入手して理解したか？

・補助対象事業者に合致するか？

・補助対象事業に合致するか？

・補助対象経費に合致するか？

・その他の要件を満たすか？

・補助対象外の例に合致しないか？

・判断に迷う点がある場合は事務局に確認したか？

> 事務局に電話による問合せが可能

・提出前の最終チェックをしたか？

> 提出後の差替え、追加提出、再提出は原則不可

■書面審査をクリアするために重要な事項

・公募要領、Q&A、記載例等をすべて入手して理解したか？

・事業計画に必要な各要素はすべて盛り込まれているか？

> 事業骨格シート、ストーリーシート、損益計画、資金計画の活用

・「審査基準」について漏れなくアピールしているか？

> ポイントシートの活用

・事業計画のストーリーが「初見」の読み手にわかりやすいか？

> 審査委員は、申請書を初見で採点を行うので、"読みやすさ"を工夫する

> 模擬審査（申請書が完成した後、提出前に申請書作成に携わっていない人に、申請書とポイントシートを渡して、審査委員長としてチェックをしてもらう）を行うこともおすすめです

・事業遂行により補助金事業の目的とする波及効果が期待できるか？

> 国が補助金事業を行う目的に合致する申請書は好印象

## （3）採択されない理由

　不採択ということは、資格審査、書面審査を通過できなかったということです。

　資格審査では主に補助対象に適合しているか否かの確認が行われますので、ここでは形式的な不備が不採択理由となります。形式的な不備には、申請内容が補助対象要件に合致していないことや、申請手続き上の不備が考えられます。

一方、書面審査では申請書類の採点結果が採否を分けますので、申請書類の大部分を占める事業計画の記載が不十分であることが不採択理由として最も可能性が高いといえます。具体的には、事業計画において申請者の取組み内容が不明瞭である、申請者の取組み内容が補助金の趣旨と合致していない、事業としての発展性に期待が感じられない、事業計画の実効性に疑義がある、公募要領等で求められている事項の記載が欠落しているといった理由が考えられます。

　以下では、審査の仕組み、不採択の実例、公募要領等から分析して、不採択になるであろう例を示していますので、申請書の作成にあたっては少なくともこれらに該当しないようご留意ください。

≪形式的な不備がある例≫

- ・補助対象要件に合致していない
- ・手続き上の不備がある

■補助対象要件に合致していない例
- ・資本金や従業員数、所在地等が補助対象事業者の要件を満たしていない
- ・公序良俗に反する、あるいは公的な資金の使途として社会通念上不適切であると判断される事業である
- ・申請した経費が補助の対象外のものである
- ・申請した補助金額が規定の下限に満たない
- ・事業計画上の数値目標が求められる場合にそれを満たしていない
- ・国等が助成する他の補助金等と重複している

■手続き上の不備がある例
- ・申請書類の様式や申請方法に誤りがある
- ・必要な申請書類が揃っていない
- ・申請期日に間に合っていない

≪事業計画の記載が不十分である例≫

・事業計画において申請者の取組み内容が不明瞭である

・申請者の取組み内容が補助金の趣旨と合致していない

・事業としての発展性に期待が感じられない

・事業計画の実効性に疑義がある

・公募要領等で求められている事項の記載が欠落している

■事業計画において申請者の取組み内容が不明瞭である例

・ターゲットとする市場が特定されていない

・提供する商品・サービスがわかりづらい

・ビジネスモデルの全体像や申請者に利益が生じる仕組みがわかりづらい

・リスクや課題の分析が不足しており、十分な対応策が練られていない

・取組み内容やその成果について定量的な記載がない

■申請者の取組み内容が補助金の趣旨と合致していない例

・補助金事業の目的を達成すると期待できる取組み内容でない

・補助対象として申請する経費の使途について計画の中で触れられていない

■事業としての発展性に期待が感じられない例

・市場分析が十分に行われておらず、事業の継続・拡大が不明である

・事業の取組みの成果が市場のニーズと合致していない

・一般論に終始しており、申請者独自の競争力が感じられない

・取組みの背景が伝わらず、事業計画全体の説得力に欠ける

■事業計画の実効性に疑義がある例

・申請者の現状と比べて損益計画や資金計画の規模が過大である

・売上の伸び率が市場分析等と整合していない

・現実的かつ具体的な取組みスケジュールの記載がない

■公募要領等で求められている事項の記載が欠落している例

・審査基準に対応する記載が不足している

・審査基準に対応する記載はあるものの、不明瞭であるため伝わらない

# ✔チェックポイント!

■ 申請書類は公募要領等で公表されている審査基準に則り採点される。

■ 審査委員による採点の結果、合計で一定の点数以上を獲得すれば採択。

■ **資格審査をクリアするために重要な事項**

公募要領、Q&A、記載例等をすべて入手して熟読したか？
補助対象事業者に合致するか？
補助対象事業に合致するか？
補助対象経費に合致するか？
その他の要件を満たすか？
補助対象外の例に合致しないか？
判断に迷う点がある場合は事務局に確認したか？

■ **書面審査をクリアするために重要な事項**

公募要領、Q&A、記載例等をすべて入手して熟読したか？
事業計画に必要な各要素はすべて盛り込まれているか？
「審査基準」について漏れなくアピールしているか？
事業計画のストーリーが「初見」の読み手にわかりやすいか？
事業遂行により補助金事業の目的とする波及効果が期待できるか？

# 「事業再構築補助金」申請書作成のコツ

「事業再構築補助金」の申請書を作成する場合には、申請を行う回の公募要領や事業再構築指針の理解が重要です。一見、新たな取組みに見える事業計画であっても、事業再構築指針に照らして当てはまる類型がなければ、事業再構築補助金の対象事業としては不適格となってしまうからです。

また、「事業再構築補助金」の審査が行われる際に審査基準となるポイントを確認し、それぞれの項目について読みやすくかつ印象強く事業計画書記載して確実に得点していくことも大切です。「事業再構築補助金」の事業計画はＡ４用紙15枚と他の補助金に比べて分量が多く、特に全体の構成が重要であるといえます。審査基準となるポイントについては、公募要領の中から抜き出してＰ135に「事業再構築補助金ポイントシート」としてまとめてありますので参考にしてください。

## （1）事業再構築指針の理解
### ■「事業再構築指針」とは
「事業再構築指針」は、事業再構築補助金の支援の対象を明確化するため、「事業再構築」の定義等について、中小企業庁が明らかにしたものです。

### ■事業再構築の各類型の定義

| 事業再構築の類型 | 定義 |
|---|---|
| 新市場進出 | 新市場進出（新分野展開、業態転換）とは、中小企業等が主たる業種または主たる事業を変更することなく、新たな製品等を製造等し、新たな市場に進出することをいう。 |
| 事業転換 | 事業転換とは、中小企業等が新たな製品を製造または新たな商品もしくはサービスを提供することにより、主たる業種を変更することなく、主たる事業を変更することをいう。 |
| 業種転換 | 業種転換とは、中小企業等が新たな製品を製造または新たな商品もしくはサービスを提供することにより、主たる業種を変更することをいう。 |
| 事業再編 | 事業再編とは、会社法上の組織再編行為（合併、会社分割、株式交換、株式移転、事業譲渡）等を行い、新たな事業形態のもとに、新分野展開、事業転換、業種転換または業態転換のいずれかを行うことをいう。 |
| 国内回帰 | 国内回帰とは、中小企業等が海外で製造等する製品について、その製造方法が先進性を有する国内生産拠点を整備することをいう。 |

■事業再構築の各類型の要件

| 事業再構築の類型 | 必要となる要件 |
|---|---|
| 新市場進出 | （１）事業を行う中小企業等にとって、事業により製造する製品または提供する商品もしくはサービスが、新規性を有するものであること。<br>（２）事業を行う中小企業等にとって、事業により製造する製品または提供する商品もしくはサービスの属する市場が、新規性を有するものであること。<br>（３）事業計画期間終了後、新たに製造する製品または新たに提供する商品もしくはサービスの売上高が、総売上高の10分の１以上を占めることが見込まれるものであること。 |
| 事業転換 | （１）事業を行う中小企業等にとって、事業により製造する製品または提供する商品もしくはサービスが、新規性を有するものであること。※新分野展開と同様。<br>（２）事業を行う中小企業等にとって、事業により製造する製品または提供する商品もしくはサービスの属する市場が、新規性を有するものであること。※新分野展開と同様。<br>（３）事業計画期間終了後、新たに製造する製品または新たに提供する商品もしくはサービスを含む事業が、売上高構成比の最も高い事業となることが見込まれるものであること。 |
| 業種転換 | （１）事業を行う中小企業等にとって、事業により製造する製品または提供する商品もしくはサービスが、新規性を有するものであること。※新分野展開と同様。<br>（２）事業を行う中小企業等にとって、事業により製造する製品または提供する商品もしくはサービスの属する市場が、新規性を有するものであること。※新分野展開と同様。<br>（３）事業計画期間終了後、新たに製造する製品または新たに提供する商品もしくはサービスを含む業種が、売上高構成比の最も高い業種となることが見込まれるものであること。 |
| 事業再編 | （１）組織再編行為等を行うものであること。<br>（２）新分野展開、事業転換、業種転換または業態転換のいずれかを行うものであること。 |
| 国内回帰 | （１）海外で製造・調達している製品について、国内に生産拠点を整備する計画であるということ。<br>（２）先進的な設備を導入し、導入設備の導入効果を証明すること。<br>（３）事業計画期間終了後、新たに製造する製品または新たに提供する商品もしくはサービスの売上高が総売上高の10分の１以上を占めることが見込まれるものであること。 |

## （２）全体の構成

　事業計画書には、「電子申請入力項目」に沿って、補助事業の具体的取組み内容、将来の展望、補助事業で取得する主な資産、収益計画を記載します。また、公募要領で「事業計画作成における注意事項」「審査項目・加点項目」については、審査の対象となるポイントが含まれますので漏れなく記載しましょう。全体としてＡ４用紙で15枚以内という指定がありますので、構成を検討したうえで過不足のない事業計画とすることが重要です。

　構成については、例えば以下の流れを意識すると読み手に伝わりやすくなると思いま

す。

1．現在の事業の状況
　①会社概要
　②当社の強み、弱み
↓
2．事業再構築の必要性
　①事業再構築の類型、要件
　②事業再構築の緊急性
↓
3．事業再構築の具体的な取組内容
　①事業再構築の具体的内容
　②取組スケジュール
　③取組体制
↓
4．将来の展望
　①事業化プラン
　②市場分析
　③補助事業の成果の価格的・性能的な優位性や収益性
　④課題やリスク、その解決方法

　また、上記の流れに沿って、公募要領等で記載が求められている事項を「事業再構築補助金事業計画マップ」にまとめると以下のとおりとなります。

■事業再構築補助金事業計画マップ

■記入の手引き

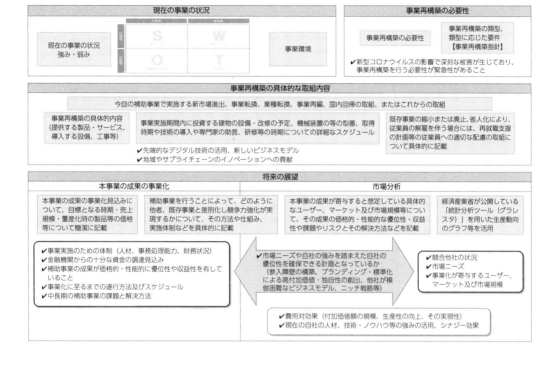

## （3）事業再構築補助金ポイントシート

| （1）事業化点 |
| --- |
| ①　補助事業の成果の事業化が寄与するユーザー、マーケット及び市場規模が明確か。市場ニーズの有無を検証できているか。 |
| ②　ターゲットとするマーケットにおける競合他社の状況を把握し、競合他社の製品・サービスを分析し、自社の優位性が確保できる計画となっているか。特に、価格・性能面での競争を回避し継続的に売上・利益が確保できるような差別化戦略が構築できているか（オープン／クローズ戦略等を通じた知財化戦略や標準化戦略による参入障壁の構築、研究開発やブランディング・標準化を通じた高い付加価値・独自性の創出、サプライチェーンや商流の上流・下流部分を自社で構築するなど他社が模倣困難なビジネスモデルの構築、競合が少ない市場を狙うニッチ戦略等）。 |
| ③　事業化に向けて、中長期での補助事業の課題を検証できているか。また、事業化に至るまでの遂行方法、スケジュールや課題の解決方法が明確かつ妥当か。 |
| ④　本事業の目的に沿った事業実施のための体制（人材、事務処理能力等）や最近の財務状況等から、補助事業を適切に遂行できると期待できるか。また、金融機関等からの十分な資金の調達が見込めるか。 |
| （2）再構築点 |
| ①　自社の強み、弱み、機会、脅威を分析（SWOT分析）した上で、事業再構築の必要性が認識されているか。また、事業再構築の取組内容が、当該分析から導出されるものであるか、複数の選択肢の中から検討して最適なものが選択されているか。 |

② 事業再構築指針に沿った取組みであるか。特に、業種を転換するなど、リスクの高い、大胆な事業の再構築を行うものであるか。

③ 補助事業として費用対効果（補助金の投入額に対して増額が想定される付加価値額の規模、生産性の向上、その実現性等）が高いか。その際、現在の自社の人材、技術・ノウハウ等の強みを活用することや既存事業とのシナジー効果が期待されること等により、効果的な取組となっているか。

④ 先端的なデジタル技術の活用、新しいビジネスモデルの構築等を通じて、地域やサプライチェーンのイノベーションに貢献し得る事業か。

⑤ 本補助金を活用して新たに取り組む事業の内容が、ポストコロナ・ウィズコロナ時代の経済社会の変化に対応した、感染症等の危機に強い事業になっているか。

## （3）政策点

① ウィズコロナ・ポストコロナ時代の経済社会の変化に伴い、今後より生産性の向上が見込まれる分野に大胆に事業再構築を図ることを通じて、日本経済の構造転換を促すことに資するか。

② 先端的なデジタル技術の活用、低炭素技術の活用、経済社会にとって特に重要な技術の活用等を通じて、我が国の経済成長を牽引し得るか。

③ 新型コロナウイルスが事業環境に与える影響を乗り越えてＶ字回復を達成するために有効な投資内容となっているか。

④ ニッチ分野において、適切なマーケティング、独自性の高い製品・サービス開発、厳格な品質管理などにより差別化を行い、グローバル市場でもトップの地位を築く潜在性を有しているか。

⑤ 地域の特性を活かして高い付加価値を創出し、地域の事業者等に対する経済的波及効果を及ぼすことにより、雇用の創出や地域の経済成長（大規模災害からの復興等を含む）を牽引する事業となることが期待できる（地域未来牽引企業に選定されている企業、地域未来投資促進法に基づく地域経済牽引事業計画の承認を受けた企業）か。

⑥ 異なるサービスを提供する事業者が共通のプラットフォームを構築してサービスを提供するような場合など、単独では解決が難しい課題について複数の事業者が連携して取組むことにより、高い生産性向上が期待できるか。また、異なる強みを持つ複数の企業等（大学等を含む）が共同体を構成して製品開発を行うなど、経済的波及効果が期待できるか。

## （4）グリーン成長点

① 事業再構築の内容が、グリーン成長戦略「実行計画」14分野に掲げられた課題の解決に資する取組となっているか。

（研究開発・技術開発計画書を提出した場合）

② 研究開発・技術開発の内容が、新規性、独創性、革新性を有するものであるか。

③ 研究開発・技術開発の目標が、グリーン成長戦略「実行計画」14分野の課題に基づき適切に設定されており、目標達成のための課題が明確で、その解決方法が具体的に示されているか。

④ 研究開発・技術開発の成果が、他の技術や産業へ波及的に影響を及ぼすものであるか。

（人材育成計画書を提出した場合）

② グリーン成長戦略「実行計画」14分野に掲げられた課題の解決に資する事業再構築を行うために必要性の高い人材育成を行う計画となっているか。

③ 目標となる育成像や到達レベルの評価方法などを含め、具体的かつ実現可能性の高い計画が策定されており、また、人材育成管理者により、その進捗を適切に把握できるものとなっているか。

④　人材育成を通じて、被育成者が高度なスキルを身につけることができるものとなっているか。また、身に着けたスキルを活用して、企業の成長に貢献できるか。

## （5）大規模な賃上げに取り組むための計画書の妥当性（成長枠・グリーン成長枠で補助率引上げを希望する事業者に限る）

①　大規模な賃上げの取組内容が具体的に示されており、その記載内容や算出根拠が妥当なものとなっているか。

②　一時的な賃上げの計画となっておらず、将来にわたり、継続的に利益の増加等を人件費に充当しているか。

## （6）卒業計画の妥当性（卒業促進枠に限る）

①　事業再構築の実施による売上高や付加価値額の継続的増加が妥当なものであり、法人規模の拡大・成長に向けたスケジュールが具体的かつ明確に示されているか。

②　資本金増加の見込・出資予定者や従業員の増加方法が具体的に示されており、その記載内容や算出根拠が妥当か。

## （7）大規模賃上げ及び従業員増加計画の妥当性（大規模賃金引上促進枠に限る）

①　大規模賃上げや従業員増員に向けた取組内容が具体的に示されており、その記載内容や算出根拠が妥当なものとなっているか。

②　一時的な賃上げの計画となっておらず、将来にわたり、継続的に利益の増加等を人件費に充当しているか。

## （8）加点項目

【大きく売上が減少しており業況が厳しい事業者に対する加点】
①　2022年1月以降のいずれかの月の売上高が対2019～2021年の同月比で30％以上減少していること（又は、2022年1月以降のいずれかの月の付加価値額が、対2019～2021年の同月比で45％以上減少していること）。

【最低賃金枠申請事業者に対する加点】
②　指定の要件を満たし、最低賃金枠に申請すること。

【経済産業省が行うEBPMの取組への協力に対する加点】
③　データに基づく政策効果検証・事業改善を進める観点から、経済産業省が行うEBPMの取組に対して、採否に関わらず、継続的な情報提供が見込まれるものであるか。

【パートナーシップ構築宣言を行っている事業者に対する加点】（成長枠、グリーン成長枠のみ）
④　「パートナーシップ構築宣言」ポータルサイト（https://www.biz-partnership.jp）において宣言を公表している事業者。（応募締切日時点）

【事業再生を行う者（以下「再生事業者」という。）に対する加点】
⑤　中小企業活性化協議会（旧：中小企業再生支援協議会）等から支援を受けており、応募申請時において以下のいずれかに該当していること。
（1）再生計画等を「策定中」の者
（2）再生計画等を「策定済」かつ応募締切日から遡って3年以内（令和2年7月1日以降）に再生計画等が成立等した者

【特定事業者であり、中小企業者でない者に対する加点】
⑥　【中小企業者】及び「「中小企業者等」に含まれる「中小企業者」以外の法人】に該当しないこと。

【サプライチェーン加点】
⑦　複数の事業者が連携して事業に取り組む場合であって、同じサプライチェーンに属する事業者が、以下を満たし、連携して申請すること。

| | ・直近１年間の連携体の取引関係（受注金額又は発注金額）が分かる書類について、決算書や売上台帳などの証憑とともに提出すること。<br>・電子申請の際、該当箇所にチェックをすること。 |
| --- | --- |
| | 【健康経営優良法人に認定された事業者に対する加点】<br>⑧　令和４年度に健康経営優良法人に認定されていること。 |
| | 【大幅な賃上げを実施する事業者に対する加点】（成長枠、グリーン成長枠のみ）<br>⑨　事業実施期間終了後３～５年で以下の基準以上の賃上げを実施すること（賃上げ幅が大きいほど追加で加点）。<br>1. 給与支給総額年率平均３％<br>2. 給与支給総額年率平均４％<br>3. 給与支給総額年率平均５％ |
| | 【ワーク・ライフ・バランス等の取組に対する加点】<br>⑩　応募申請時点で、以下のいずれかに該当すること。<br>1. 女性の職業生活における活躍の推進に関する法律（女性活躍推進法）に基づく認定（えるぼし１段階目～３段階目又はプラチナえるぼしのいずれかの認定）を受けている者又は従業員数100人以下であって、「女性の活躍推進データベース」に女性活躍推進法に基づく一般事業主行動計画を公表している者<br>2. 次世代育成支援対策推進法（次世代法）に基づく認定（くるみん、トライくるみん又はプラチナくるみんのいずれかの認定）を受けた者又は従業員数100人以下であって、「一般事業主行動計画公表サイト（両立支援のひろば）」に次世代法に基づく一般事業主行動計画を公表している者 |
| （9）減点項目 | |
| | 【過去補助金交付候補者として採択された事業者（グリーン成長枠、産業構造転換枠）】<br>既に過去の公募回で補助金交付候補者として採択されている又は交付決定を受けている場合には、一定の減点を受けることとなる。加えて、別事業要件及び能力評価要件についても審査され、追加での減点となる場合もある。これらについては、別事業要件及び能力評価要件の説明書に基づき評価される。 |
| | 【複数の事業者が連携して事業に取り組む場合】<br>連携体の必要不可欠性について審査された結果、減点の対象となる場合がある。これについては、連携の必要性を示す書類（代表申請者用）に基づき審査される。 |
| | 【事業による利益が第三者のものになる事業に取り組む場合】<br>ビジネスモデル上、補助事業の実施により発生した付加価値額の大部分が、補助事業者（従業員や株主を含む。）以外にわたる事業等は、事業再構築に挑戦する中小企業等の成長を支援し、日本経済の構造転換を促す本事業の目的に沿わないため、当該事業を含む事業計画に基づく申請は、減点の対象となる。 |

# 「事業再構築補助金」採択申請書分析

ここからは、実際に採択された事業再構築補助金の申請書についてご紹介しながら、事業計画部分の書き方について分析していきます。採択事例は、中小企業庁による事業再構築補助金事務局HPに紹介されていますので、今回はその中から1つを例に挙げ、分析します。

## （1）事業再構築補助金採択申請書事例

申請者は、ブライダル運営を軸としてレストラン運営、企業イベントのプロデュース、プライベートブランドの販売等を展開する企業です。

新型コロナウイルス感染症の影響を受け、ブライダル、法人宴会、レストランの客数が激減し売上及び粗利益が減少したのを機に、ポストコロナの社会変化を予測してその環境下での事業の在り方を検討し、申請者自身のSWOT分析を踏まえて、事業を抜本的に再構築するための計画となっています。事業再構築の類型は「業態転換型」で、主たる業種や事業は変更せずに、そのサービスの提供方法を相当程度変更するというものです。

具体的には、「食・イベント分野のDX推進」というコンセプトのもとで新たに3つの事業、「非接触型イベント」「オンラインイベントシステム外販」「ミールキット製造配送」を展開し、コロナ禍の現状からのV字回復を目指すことが謳われています。

以下の事業計画では、上記のストーリーが、詳細な市場データや自社データ、プラン等で肉付けされ、どのように事業化が成功するかが記載されています。

# ㈱八芳園　事業計画書(通常枠・業態転換型)

## 事業計画名：食・イベント分野のＤＸ推進により総合プロデュース企業へ転換

███████████████████████████

## １．補助事業の具体的取組内容

### 1-1．弊社概要

　弊社は、昭和 18 年(1943 年)の創業以来、豊かな自然環境づくりと、食生活への奉仕を通して、社会に貢献するブライダル運営企業です。今年で 78 年目を迎え、ブライダル運営を軸としてレストランの運営、企業イベントのプロデュース、プライベートブランド販売など複数事業を展開しています。

　「**日本のお客様には心のふるさとを。海外のお客様には日本の文化を。**」を理念に掲げ、「OMOTENASHI を世界へ」をミッションとして、MICE、結婚式をはじめとした、宴会・レストランなどの企画運営を展開、都心にありながらも江戸時代から続く約 1 万坪の由緒ある庭園を維持し、お客様へ至福の時を提供しています。

オリンピック 2020 東京大会においては、内閣官房が中心となって設立された、「ホストタウンアピール実行

1

㈱八芳園 2021/4/30

委員会」に参画し、イベント及びフードプロデュースを担当しています。（左写真：静岡市の魅力を PR するポップアップイベント【 天と里の茶の間 SHIZUOKA CITY 】の様子）

八芳園のセントラルキッチンは、食の多様性に対応し、ムスリム認証を取得しています。また、食品安全マネジメントシステムの国際規格である「FSSC 22000（カテゴリーE）」の認証を取得。国際基準の徹底した安心・安全に努め、食の多様性に対応した様々なフードメニューの開発・監修を行っています。

## 1-2．事業環境と弊社の事業の特徴

### 1-2-1．事業環境

ブライダル関連市場規模推移

(億円)

| 年 | 市場規模 |
|---|---|
| 2014年 | 25,649 |
| 2015年 | 25,480 |
| 2016年 | 25,260 |
| 2017年 | 24,990 |
| 2018年 | 23,970 |
| 2019年（見込） | 23,760 |
| 2020年（予測） | 22,400 |

出所：矢野経済研究所

弊社が事業の軸としているブライダル業界は、市場規模が縮小しており、今後も縮小傾向が続くと考えられます。原因は、人口減少・少子高齢化といった人口構造的な課題と、婚姻数・挙式件数の減少といった消費者ニーズの変化の 2 つです。

このトレンドは、コロナ以前から続くものであり、仮にコロナを克服したとしても、ブライダル業界全体の市場規模の漸次的な縮小は免れないと認識しています。一方で、結婚を祝うという文化そのものは、古来より続く文化であり、市場が急激に縮小することはなく、2 兆円以上の市場規模は当面の間、維持されると考えます。

### 1-2-2．弊社の事業の特徴

弊社は、過去よりブライダル運営(結婚式場業)を事業の軸としてきました。結婚式は人生の特別な瞬間の 1 つであり、「老若男女、ご家族・ご友人、様々な属性の参加者」に対して、「最高のおもてなしをする」ことが求められる特別なイベントです。弊社は最盛期で年間 3000 組、コロナ前でも年間 2000 組弱のパーティの運営を実施してきました。

2

143

その中で、下記のノウハウ・機能を自社で蓄積し、強みとしてきました。

①イベントプロデュースに関するノウハウ・機能
　・イベントの企画から会場手配・プロモーション・運営までをワンストップで実施する
　・高齢者・障がい者・外国人含めあらゆる属性の参加者に満足いただくための配慮・おもてなしの実現
　・上記を実現するためにプランナー43人、プロデューサー7人を正社員で雇用

②食に関するノウハウ・機能
　・特別な瞬間を演出する料理レシピの企画・開発
　・パーティ向けの調理（ハラル対応）
　・食事提供サービス・おもてなし
　・上記を実現するためにレシピ開発担当4人、調理担当56人を正社員で雇用

③アセット
　・健全な財務状況（自己資本比率約80％）
　・都心のアクセス性の高い立地に約1万坪の日本庭園

弊社のアセットを基盤としつつも、それに甘んじることなく、上記のノウハウを活かして、新商品発表会などの法人向けのイベントプロデュース事業、地域特産品を使ったレシピ開発を含む地方自治体PR支援事業、内閣官房が関わる公的イベントの運営、レストラン事業など、積極的に多角化を図ってきました。

「八芳園＝結婚式」という市場認知がまだ多いものの、その脱却を図るべく企業努力を継続しています。それにより、左記のように婚礼売上比率を減らしつつも、法人宴会売上・その他売上を伸ばしています。

## 1-3．コロナによる影響
### 1-3-1．ブライダル業界全体への影響

結婚式の式場やホテルなどが加盟する「日本ブライダル文化振興協会」の推計では、2020年度（4-3月）において業界全体で、9,500億円の損失（前年比32.0％）約28万組に影響があったとされています。2020年5月の売上高は2019年の1.9％まで落ち込み、業界として大きな影響を受けました。

144

出所：公益社団法人日本ブライダル文化振興協会「新型コロナウイルス感染症影響度調査結果」

### 1-3-2．弊社への影響

弊社取り扱い婚礼組数は前年比 ▇▇▇▇▇ 減少、売上は ▇▇▇▇▇▇ 減少となりました。

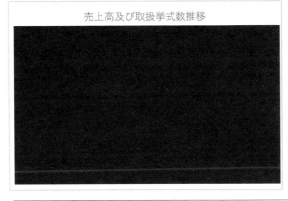

売上高及び取扱挙式数推移

また、緊急事態宣言に伴う外出や会食の自粛によっても、弊社の主力事業である結婚式・法人宴会の客数は激減しました。法人宴会は大部分がキャンセル、結婚式は大部分がキャンセル及び延期、レストラン事業は来店控えおよび時短営業による顧客減少により、売上および粗利益が減少しました。

大幅なコスト削減を行いましたが、協力金を上回る固定費が継続的に発生しており、大きな影響を受けました（加点②）

- ・ 緊急急事態宣言の影響で需要が減少、売上・利益も減少
- ・ 協力金を上回る固定費が継続的に発生　　→　純資産は ▇▇▇ 減少[1]

### 1-3-3．ポストコロナの業界展望

左記NEDO資料[2]によれば、コロナ禍後にはリモート化オンライン化が急速に進むと考えられています。

弊社の事業への具体的な影響としては下記のような変化が予測されます。
- ・オフラインイベントがオンラインイベントへ代替
- ・オフラインイベントの変容（参加者の密度減少、オペレーションのデジタル化・非対面化・省人化・ロボット活用）
- ・中食の増加、レストラン訪問客減少

### 1-4．事業再構築の必要性

#### 1-4-1．強み・弱み、機会・脅威のまとめ

改めてこれまでの記載内容をふまえて強み・弱み、機会・脅威を整理すると下記のようになります。

---

[1] 2019/9月末と2021/2月末比較

[2] 国立研究開発法人新エネルギー・産業技術総合開発機構(NEDO)コロナ禍後の社会変化と 期待されるイノベーション像

| 強み | 機会 |
|---|---|
| ・ イベントプロデュース<br>-企画～運営までワンストップ<br>-あらゆる属性の参加者へのおもてなし<br>・ 食<br>-レシピ開発<br>-イベント向け調理(ハラル対応)<br>-食事提供サービス<br>・ アセット<br>-都心(港区)に約1万坪の日本庭園<br>-健全な財務基盤 | ・ オンラインイベントの増加<br>・ オフラインイベントにおいて非対面・非接触の価値増大<br>・ イベント事業者の競合企業<br>-イベントや食をオンラインで提供するサービスを開始していない<br>-オンラインとオフラインを融合させたハイブリッドイベントのオペレーションを実現できる企業がほとんどない |
| 弱み | 脅威 |
| ・ オンライン領域のビジネスが未熟<br>-料理のオンライン受注・配送サービスがない<br>-オンラインイベントの実績がない | ・ 従来型のオフラインイベントの減少<br>・ 人口構造変化と消費者ニーズ変化によるブライダル業界の縮小<br>・ 人件費の高騰 |

## 1-4-2．弊社が抱える課題と解決方針

上記を踏まえた弊社が抱える課題と解決方針は下記です。

> **課題**
> - オンライン化、非接触・非対面などニューノーマルに対応したサービスへの転換(DX)が必須
> - ブライダル業界の縮小は決定的

↓

> **解決方針**
> - 健全な財務基盤を活かして、オンライン化、非対面・非接触サービスへ集中投資を行うことで、オンラインサービスの事業者へと転換します
> - 具体的には、イベントプロデュースノウハウを実装したオンラインイベントシステムの開発と販売、ロボット設備を導入した非接触型のオフラインイベント、食の配送事業(飲食店類似業から食品製造配送業へ)をはじめます
> - イベントと食を中心とした総合プロデュース企業として生まれ変わり、ブライダル業界以外へも市場を拡大させます

## 1-5．事業再構築の内容

### 1-5-1．応募申請の枠・類型

当社の応募申請する枠は、「**通常枠**」です。当社においては、「緊急事態宣言特別枠」の"令和3年の国による緊急事態宣言に伴う飲食店の時短営業や不要不急の外出・移動の自粛等による影響を受けたことにより、令和3年1月～3月のいずれかの月の売上高が対前年又は前々年の同月比で30%以上減少していること"という特別枠の売上高減少要件を満たしているものの、当社の事業再構築は抜本的なもので、総額約2億円の投資をする計画するものであるため、本補助金への申請は通常枠で申請します。

また、類型としては「**業態転換型**」を選択します。今回の事業再構築にあたって、主たる業種（結婚式場業）や事業に変更はございません。また下記に示すように各要件に該当しています。

弊社の事業再構築内容は、「イベントプロデュースノウハウを実装したオンラインイベントシステムの開発と販売【**オンラインイベントシステム外販**】」、「ロボット設備を導入した非接触型のオフラインイベント【**非接触型イベント**】」、「食の配送事業（飲食店類似業から食品製造配送業へ）【**ミールキット製造販売**】」です。

これまで弊社は、ロボットなどを活用しないヒトの手によるイベント運営や食事の提供を行っていたため、同じ商品・サービスの提供、同じ方法での提供を行った実績はありません（ア①、イ①）。

また、本補助事業を開始するにあたって、オンライン配信用のシステム開発、イベントの配膳業務にロボット導入、配送用食品製造・加工のために加工急速冷凍機・真空包装機等を導入することで主要な設備を変更します（ア②、イ②）。あわせてキッチンのカートイン冷蔵庫・6枚扉冷蔵庫・一層シンクを撤去します（ウ①）。

【**オンラインイベントシステム外販**】と【**ミールキット製造販売**】は、まったく新しいサービスであり、既存のオフラインの食事つきイベントと定量的に性能または効能を比較することが難しいです。【**非接触型イベント**】については後述のように配膳係がロボットによって代替され、ロボット1台当たり配膳スタッフ2名分の労働力になると見込んでおり、配膳膳担当人員を平均30人から25人へ5人(17%)減少できます。（200人規模のイベントの場合）（ア③、イ③）

○業態転換の要件（製造業以外）（イ）と（ウ）は or 要件
（ア）製造方法等の新規性要件
　　①　過去に同じ方法で製造等していた実績がないこと
　　②　新たな製造方法等に用いる主要な設備を変更すること
　　③　定量的に性能又は効能が異なること（製品等の性能や効能が定量的に計測できる場合に限る。）
（イ）商品等の新規性要件
　　①　過去に製造した実績がないこと
　　②　主要な設備を変更すること
　　③　定量的に性能又は効能が異なること（製品等の性能や効能が定量的に計測できる場合に限る。）
（ウ）設備撤去等要件
　　①　新たな方法で提供される商品又はサービスが新規性を有するもの又は既存設備の撤去や既存店舗の縮小等を伴うものであること
（エ）売上高10%要件
　　①　3〜5年間の事業計画期間終了後、新たな製品の売上高が総売上高の10%以上となる計画を策定すること

### 1-5-2．事業再構築の具体的な内容

**イベント×食×デジタル**という共通のコンセプトのもとで、弊社の強みであるイベントプロデュースと食のノウハウを活かした事業を行います。

もともと弊社はオフライン・リアル領域でのビジネスに強みがあり、都心の日本庭園という立地の優位性を活かしてビジネスを成功させ、現在の財務基盤を築いてきました。一方で、デジタル領域（オンライン、ロボットなど）への展開が不十分でした。弊社は、本事業において、強みであるイベントと食のノウハウをデジタル領域で展開するという視点で構想しており、**食・イベント分野のDX推進**という共通のコンセプトのもと、3つの事業を実施します。オフライン・リアル領域で長くビジネス経験がある弊社にとって、今回の投資は不退転の投資でありリスクの高いものではあるものの、Newノーマルで生まれた新市場を開拓し、コロナからV字回復を目指すものであり社会的・経済的価値を創出していきます。事業の成功のために外部パートナーとも積極的に連携し事業を成功へ導きます。

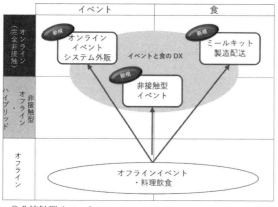

イベントと食はもともと密接に関連しています。挙式披露宴はもちろんのこと、例えば法人の新商品発表会を行う際には、レセプションとしてその企業のブランドイメージに沿った料理を提供しています。

よって3つの事業は相互にシナジーがあり、「**オンラインイベントに参加しつつ、イベントに合わせた料理（ミールキット）が自宅に届く**」といった**新しいおもてなしの顧客体験**を目指しています。具体的には下記3つの事業を行います。

○非接触型イベント

　配膳ロボット、清掃ロボット、検温装置、アルコール噴霧器、通信設備などを導入することで、オフライン・リアルイベントにおいて、接触頻度・対面頻度が低い新しいサービス提供方法を実現します。これによって、ゲストがより衛生面で安心・安全を感じることができるとともに、ロボットや最新の通信設備（ハイクオリティの映像・音声配信に対応）をつかった新しいイベント体験を享受することができます。

○オンラインイベントシステム外販

　オンラインイベントのシステムを独自開発し外販します。現在、イベントに特化したシステムは少なく、特にハイブリッドイベントに対応したシステムはほぼ無い状態です。本システムと、非接触型イベントを組み合わせて、オンライン・オフラインのハイブリッド型イベントの実施も可能となります。システムはオペレーター（イベント主催者、ホスト）に寄り添った機能や、ユーザーインターフェース等に特徴があり、弊社のイベントプロデュース経験で培ったノウハウを実装したものです。このシステムによってイベント参加者が、オンラインで参加ができるようになり、サービス提供方法が変わります。

○ミールキット製造配送

　八芳園が独自で開発した料理をミールキットとしてオンラインにて受注・製造・配送します。顧客は八芳園の強みであるおもてなしや食の企画開発力を活かした商品を、自宅で楽しむことができるようになります。これによりサービス提供方法が変更されるだけでなく、オンライン受注が可能となることで顧客層も拡大します。ミールキットはカット野菜などではなく、加工度が高いパウチ製品が主体です。
配送用の食品を製造するため、梱包・検査・配送といった追加業務が発生します。そのオペレーションを回すために、もともとあった食品製造関係器具洗浄の業務を機械化・自動化によって効率化し、一部人員を配置転換します。

## 1-6．補助事業を行うことによる他社・既存事業との差別化
### 1-6-1．非接触型イベント

○実施方法・導入設備/投資・経費項目

　配膳ロボット（　　　　　　　　　　　社　　　　　7台）、清掃ロボット（

---

3　　　　　　　　　社は、非接触型イベント事業の社外パートナー。自律型ヒューマノイドロボット「　　」をはじめ、ロボットソリューションに知見がある

社「▌▌▌▌▌▌1台」、販売代理店：▌▌▌▌▌）、通信設備（配膳ロボット制御用）、検温装置（1台）、アルコール噴霧器（17台）、などを八芳園館内に導入し、新しい配膳・オフラインイベントオペレーションを構築します。（*新規性・主要設備変更*）

出所：▌▌▌▌▌▌▌▌▌▌▌▌▌▌▌▌▌▌▌▌▌▌

○差別化・競争力強化の方法と仕組み

**①配膳ロボット・掃除ロボットによる接触頻度減少・衛生面での競争力強化**

イベント事業で競合となるホテル・結婚式場において、まだ配膳ロボットを導入している企業はないため、ロボットによって接触頻度が少なく・衛生面で優れたイベント事業者として先行することができれば、競争力が高まると考えています。また、日本が観光立国としてMICEなどの誘致を行う際にも使用できる可能性が高まると考えます。掃除ロボットによっても従業員同士の接触頻度が減少します。

**②配膳ロボットに関する先行的な知見の獲得**

ロボット導入は単純に機械を購入すればいいというものではなく、ヒトとの接触事故を防ぐための動線設計や制御に関して専門的な知見が求められるため、先行的に知見を獲得することで、今後競合企業が参入してきたとしても競争力を維持できると考えます。

（焼肉きんぐ、幸楽苑、ワタミといった外食チェーンでは一部導入が進んでいます[4]が、外食チェーンと結婚式・ホテルでは会場の規模や参加者の動線も異なるため別の知見が必要）

**③配膳ロボット・掃除ロボット導入による人件費（アルバイト・パート・外注）削減と配置転換**

配膳ロボット導入が進むと、配膳にかかる人件費が減少します。弊社では、土日祝に集中するイベントにあわせて、アルバイト・パート・外注によってイベントのオペレーションにかかる人材を調達していますが、ロボットを導入することで配膳担当人員を平均30人から25人へ5人(17%)減少（200人規模のイベントの場合）させることができます。余剰人員は新規の業務（梱包・配送ほか）への配置転換を予定しています。掃除ロボットによっても業務効率化を見込んでいます。

**1-6-2. オンラインイベントシステム外販**

○実施方法・導入設備/投資・経費項目

もともとオフラインのみのイベント事業者だった当社が、新たにオンラインイベントシステムを開発し自社利用はもちろん外部顧客に販売します。（*新規性・主要設備変更*）（ベンダー：▌▌▌▌▌▌▌▌▌▌▌▌▌▌▌▌▌）また、システムと連動した配信機材・通信設備も導入します。すでに担当者とシステム要件

---

[4] 2021/3/17 IT メディア記事 https://www.itmedia.co.jp/business/articles/2103/17/news037.html

[5] ▌▌▌▌▌▌は、オンラインイベントシステムの開発ベンダー。▌▌▌▌▌▌の新規事業開発を通じて得た知見や、UXデザインに強みがある。

[6] ▌▌▌▌▌▌はオンラインイベントシステムの開発ベンダー。クラウドで動くウェブアプリケーションの受託開発に強みがある。

の打合せを実施しており、十分な知見をもつパートナーであることは確認済みです。

○差別化・競争力強化の方法と仕組み

①イベントの主催者・管理者が使いやすいシステム

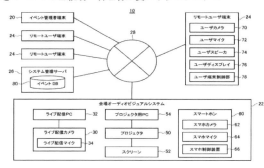

**顧客はイベント主催者・管理者**です。イベント主催者・管理者は、イベントの進行、映像の切り替え、リアル会場およびリモートユーザ音声映像の管理・制御といった複合的な業務をリアルタイムで行うことが必要であり、当該業務がシンプルかつスムーズに行えることがこのシステムの特徴です。弊社のイベントプロデュースノウハウをシステム実装しています。

②低価格

①で示したイベント主催者・管理者の業務オペレーションを実現しようとすると、テレビ局同等の高価な配信機材・システムが従来は必要でした。それに比して弊社のシステムは圧倒的に低価格です。（ZOOMのような無料ビデオ会議ツールは、イベント主催者・管理者の業務オペレーションが実現できないため、競合にならないと考えます。）

③２画面同時インターフェースで、それぞれ音量調節可能→リアルイベントに近い体験

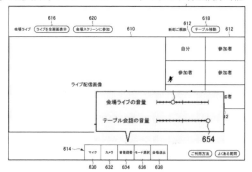

左図のようにユーザーは、「**会場ライブの音量**」と「**テーブル会話の音量**」をそれぞれ**調節できます**。

この機能によって、参加者は「参加者同士で同じ音声付きの映像を見聞きしながら、参加者グループ内で会話する」といった、体験が可能になり、**リアルのイベントに近い体験が可能**となります。

## 1-6-3.ミールキット製造販売

○実施方法・導入設備/投資・経費項目

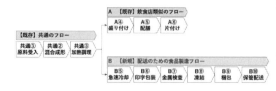

左フロー図のように、本事業における最大の特徴は、ミールキット製造販売のために食品製造のフローを新たに設けることです（新規性・主要設備変更）その場で盛り付け・配膳する飲食店類似のフローはすでに整備されておりましたが、ミールキットとして配送用の食品を製造するためには、

9

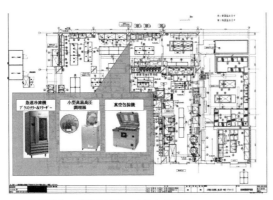

冷蔵・冷凍・包装・梱包・配送といった新業務が追加されます。それらの業務を可能にするために、急速冷凍機・真空包装機・小型高温高圧調理器・液体凍結機・冷凍庫・立体物用プリンター(完成品への賞味期限等の印字用)・洗浄器(新規導入する調理・配膳機器の洗浄に対応+省人化効果)を導入、EC サイト構築(新規顧客獲得・販促)も行います。具体的な設備導入に向けては左記見取図(パートナーの ▇▇▇▇ 社より取得)の通り計画しています

○差別化・競争力強化の方法と仕組み

①「特別な日」のための「オリジナルレシピ」で差別化

ミールキットの内容

左図のように、「特別な日」のための「オリジナルレシピ」で差別化します。

弊社の製造・開発・販売するミールキットは、「特別な日」に食べたいものであるため、既存の宅食事業者と競合しません。また、お客様の要望に合わせたオリジナルレシピをオーダーメイド開発しミールキットとして販売するため、いわゆるブランドネームを冠したギフト商品(ex.帝国ホテルスープ)とも明確に差別化できています。

②PR を行いたい法人・自治体への販売と、弊社イベント事業とのシナジー効果

顧客は一般消費者はもちろんですが、なにかを PR したい法人・自治体への販売ニーズの獲得を狙っています。具体的には「自治体のオンライン PR イベントで地場産品をつかったオリジナルレシピをオーダーメイド開発しミールキット化し、イベントに合わせて EC 販売する」といった販売ケースを想定しています。(複数の自治体でニーズ確認済み)。弊社の強みであるレシピ開発力と食も含めたイベントプロデュース力をフルに活かすことで、弊社事業とのシナジーおよび競争力強化が見込めます。

## 2．将来の展望、事業化に向けて想定している市場及び期待される効果

### 2-1．事業化に向けた戦略

#### 2-1-1．顧客と顧客提供価値

○非接触型イベント

顧客は、国際的な会議を行う官公庁、PR イベントを行う自治体、新商品発表会や社内決起集会などを行う大企業です。エンドユーザーは彼らのイベントに参加する各種の参加者・住民・企業の顧客などです。

顧客のニーズは、衛生面で安心・安全を感じること、ロボットや最新のハイクオリティの映像・音声配信に対応したイベント体験であり、弊社の事業は彼らのニーズを満たすものだと考えています。

○オンラインイベントシステム外販

顧客はイベント主催者・管理者です。エンドユーザーは、イベント参加者です。顧客ニーズは、イベン

10

トの進行、映像の切り替え、リアル会場およびリモートユーザ音声映像の管理・制御といった複合的な業務をリアルタイムで行える安価な仕組みであり、今回開発するシステムはそのニーズに応えるものです。

〇ミールキット製造販売

顧客はPRしたい企業や・自治体、エンドユーザー兼顧客は自治体のイベント参加者、弊社イベントシステム外販の利用者です。顧客ニーズは、「特別な日」を「オリジナルレシピ」で彩ることであり、企業や自治体のPR方針に沿ったオリジナルレシピの開発・製造・配送機能を本事業において弊社が提供します。

## 2-1-2．マーケット及び市場規模

下記のように市場を分析しています。いずれも1,000億円を超える大規模な成長市場であり、弊社の目標は数億円であることから、事業機会は十分にあり、2-3で示したような差別化を行うことで具体的なニーズに対応して事業を推進します。

| | 市場規模・成長性 | | 弊社目標と考え方 |
|---|---|---|---|
| 非接触型イベント | イベント市場は会議イベント＋見本市展示会＋販促イベントで**3.8兆円**このうちオンラインに3-5%代替されれば1,140億円-1,900億円 | | ██億円(シェア ████%) |
| オンラインイベントシステム外販 | | ベンダー開発金額は右肩上がり成長中 | ██億円(シェア ████%) |
| ミールキット製造販売 | 1,900億円(2024年度)2018年より右肩上がりで成長市場 | | ██億円(シェア ██%) |

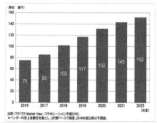

出典：左からそれぞれ、ITR,UZABASE,日本能率協会総合研究所

## 2-1-3．価格的・性能的な優位性・収益性

非接触型イベントは、配膳・掃除ロボットによる衛生面の安心感や人件費削減効果があります。(1-6-1も参照)単価は150万円(70人規模)で既存のイベントの受注実績をもとにしているため競争力があります。粗利率は63%。固定費が多いため、営業利益率はイベント数に応じ向上し4年後に10%を目指します。

オンラインイベントシステム外販はイベント管理者のオペレーションや、ユーザーのリアルイベントに近い体験に性能的な優位性があり、価格競争力も高いです(1-6-2も参照)一社当たりの年間売上は140万円を見込んでおり、粗利率は70%。システム外販でストックビジネスであるため契約企業が増加することで飛躍的に営業利益率が上がり4年後に46%を目指します。

ミールキット製造販売はオーダーメイドレシピやイベント事業とのシナジーが性能的な優位性です。(1-6-3も参照)一食5000円程度で贈答用・特別な日の価格帯としては手ごろです。粗利率は48%。調理スタッフをはじめ固定費も多いため販売数が増えるにつれ営業利益率が向上し4年後に19%を目指します。

## 2-1-4．実行上の課題やリスク、その解決法

〇非接触型イベント

| 課題 | 解決方針 |
|---|---|
| 配膳ロボットの操作・ロボットを使用したオペレーションの知見の不足 | 専門的知見を持つ社外パートナーを活用する。補助事業において導入予定の配膳ロボット開発ベンダーである████████████████████をプロジェクト体制に加え、ロボット導入後のオ |

| | ペレーションの設計・実装までを確実に推進する。 |
|---|---|
| 配膳ロボット導入による配膳係の配置転換 | もともと配膳を担当していた者は梱包配送部門へ配置転換する |
| ヒトとロボットの動線分けと安全管理 | 会場外周にロボットの動線を確保したテーブルレイアウトとする。ロボットの動線設定（マッピング）は████████████社の専門スタッフが行うことで安全性を高める。 |
| 法人顧客獲得のための営業施策 | 広告宣伝には自社 WEB サイトへの掲載のほか、████████社のプレスリリース配信を活用する。リアルイベントの実施実績がある顧客に対しては、法人顧客のマーケティングに強い████████（データマーケティングツール：████████社）と████████（名刺管理システム：████████社）のメール配信機能を用いて宣伝を行う。 |
| 配信スタッフの確保 | 新たにオンライン配信専門の部門を創設し、社内の配信に関する知識を持った人材を起用する。外部パートナーである████████社、████████社より知見を持った人材を派遣していただく。 |
| ネットワーク環境保守 | ████████社にネットワーク環境の２４時間監視を委託する。 |

○オンラインイベントシステム外販

| 課題 | 解決方針 |
|---|---|
| デジタル人材の採用・育成 | すでに知見を持った社員を昨年度から 2 名採用している。中期的には専門分野を有する学校教育機関とデジタルコンテンツ開発において産学連携することにより若手人材の獲得及び育成を検討する |
| 法人顧客獲得のための営業施策 | 広告宣伝には自社 WEB サイトへの掲載のほか、████████社のプレスリリース配信を活用する。████████社のサービス「████████」を活用し、新規顧客へのアプローチを行う。 |
| セールス手法の確立 | 既存事業については BtoC のセールス手法が中心だったため、上流のマーケティング・インサイドセールス部門については重視してこなかった。本商品については BtoB ビジネスのセールス手法確立が必須である。解決方法として、部門新設をすることにより内部人材の発掘をするとともに、マーケティング分野専門パートナーとのアライアンスを組み、本商品販売推進及び新たなセールス手法の確立を図る。 |
| サポート体制の確立 | 既存のコールセンタースタッフに研修を行い、システムに関する問い合わせの窓口とする。 |
| システム障害対応 | システム障害に備え、開発ベンダーである████████社との保守契約を締結する。 |

○ミールキット製造販売

| 課題 | 解決方針 |
|---|---|
| 食品製造に関する安全衛生の確保（製造時、配送時） | 衛生基準：八芳園が取得している、食品安全マネジメントシステムの国際規格である「FSSC 22000（カテゴリーE）」に基づいた衛生管理を行う温度管理：ミールキット製造においては、既存の飲食事業と異なり温度管理が重要になる。品質を保ったまま宅配するために急速冷凍機を導入し、配送には████████のクール便を活用する |
| 配送の方法・配達の質・受渡時の商品確認 | 個人宅へのクール宅配がメインとなるため、████████にて集荷をしてもらう。 |
| スペースと機器の確保 | ミールキット製造を開始するにあたっては既存の飲食事業において使用している機器では対応できない。そのため、既存の厨房設備を一部撤去してミールキット製造に必要な設備を新たに設置し、一区画をミールキット製造専用スペースとして使用する。 |
| 物量が増えたときの保管・梱包・配送オペレーション | 物量の増加に伴い、保管場所や梱包人員の不足が予想されるが基本的には自社内の人員・設備で対応する。計画においてもその人件費増は織り込み済みである。繁忙期には外部パートナーに保管・梱包の委託を検討する |
| 配送先管理 | 大量配送に対応するため、████████（送り状発行システム：████████社）を活用して送り状を一括作成し、必ず人の目で受注情報との照合を行う。 |
| 営業・販促（どうやって受注するか） | BtoC：インスタグラム等の SNS の活用と自社 EC サイトの構築BtoG：自治体との共同開発商品を自社店舗にて販売することで、フードプロデュースの実績をアピールする。████████（データマーケティングツール：████████社）を活用して自治体担当者向けにメールマガジンの配信を行う。 |
| 梱包などの新フローの人員 | 配膳及び洗浄工程の省人化によって人員を確保する。 |
| オンラインイベント用ミールキットの到着確認 | オンラインイベントの料理提供において、必ず指定の時間に配送することが重要であり、未着がないようコールセンタースタッフ（既存）が到着確認の電話をかけることで防止および顧客満足度向上に努める。 |

12

## 2-2. 事業化の見込み

### 2-2-1. 目標となる時期・売上規模・量産化時の製品等の価格等

2026/9 期に新規事業売上 ███（売上高比率 15.9%）、営業利益 ███ 円を目指します。

非接触型イベントは、平均単価 150 万円（弊社実績より 70 人規模の法人宴会）で、イベント販売数を伸長させ ███ 件を目指します。現在の法人向けのイベント受注数は ███ 件/年・施設稼働率は ███% です。███ 件という目標は保守的に見積もっており、十分達成が見込めます。

オンラインイベントシステム外販は、使用時間による課金モデルを考えており、一社当たりの年間売上は ███ 万円です。契約数が最重要 KPI であり契約数 ███ 件を目指して営業を推進します。ターゲットとなる 38,300 事業者（ホテル 7 千事業者・イベント会社 10 千社・芸能関連企業 3 千社・教育関連団体 18 千団体）に対して約 1% であり、十分達成が見込めます。

ミールキット製造販売の一食当たりの単価は ███ 円です。自社 EC やふるさと納税の EC、Musubu 店舗販売など販売チャネルごとに戦略をたて年間販売数 ███ 万食を目指します。引出物 ███ 食（婚礼実施組数 ███ 組×シェア 50%×引出物付帯人数 40 人）、オンラインウェディングに付帯するミールキット ███ 食（実施組数 ███ 組×オンラインウェディング実施率 40%×オンライン参加人数 20 人）、非接触イベントに付帯するミールキット ███ 食（実施数 ███ 件×70 人）の受注見込みがあり、十分達成可能と考えます。

| | | 基準年 2021/9期 | 1年後 2022/9期 | 2年後 2023/9期 | 3年後 2024/9期 | 4年後 2025/9期 | 4年後 2026/9期 |
|---|---|---|---|---|---|---|---|
| 売上高 (百万円) | 非接触型イベント | | | | | | |
| | オンラインイベントシステム外販 | | | | | | |
| | ミールキット製造販売 | | | | | | |
| | 新規小計 | | | | | | |
| | 新規売上高比率 | | | | | | |
| | 既存 | | | | | | |
| | 会社全体 | | | | | | |
| 営業利益 (百万円) | 非接触型イベント | | | | | | |
| | オンラインイベントシステム外販 | | | | | | |
| | ミールキット製造販売 | | | | | | |
| | 新規小計 | | | | | | |
| | 既存 | | | | | | |
| | 会社全体 | | | | | | |
| | 営業利益率 | | | | | | |
| 新規事業目標・重要KPI | 非接触型イベント | | | | | | |
| | 平均単価(百万円) | | | | | | |
| | 接触数（件） | | | | | | |
| | 受注率 | | | | | | |
| | イベント件数・販売数(件) | | | | | | |
| | オンラインイベントシステム外販 | | | | | | |
| | 単価(円/分) | | | | | | |
| | 年平均使用時間(千分) | | | | | | |
| | 一契約あたり年間売上(百万円) | | | | | | |
| | 契約企業数(社) | | | | | | |
| | ミールキット製造販売 | | | | | | |
| | 単価(円) | | | | | | |
| | 販売数(食) | | | | | | |

### 2-2-2. 地域への経済波及効果・イノベーションへの貢献

自治体 PR イベント（オンライン・オフライン）で自治体の地場産品をつかったレシピ開発・ミールキット製造販売を行うことで、自治体 PR を加速させることができます。イベント終了後も参加者が弊社 EC ショップから一定期間ミールキットを購入できるようにすることで、継続的に自治体の PR および生産者を含む地域経済に貢献することが可能です。大消費地と物理的に離れた地方自治体がオンラインを通じて日本全国・世界に PR できるという点においてイノベーティブな取り組みであると自負しています。この点において、経済産業省商務・サービスグループ・サービス産業室の方からも「コロナを機に、IT ベンダーと複数のブライダル企業による取り組みを通して、御社のような改革、ブライダルの再生ムードが業界に広がること

13

を期待しています。」というコメントをいただいています。

## ３．本事業で取得する主な資産および対象経費一覧

| No | 大項目（経費区分） | 小項目 | 事業分類 | 用途詳細・型番 | 取引業者 | 税抜取得予定価格（円） | 建設又は設置等を行う事業実施場所 | | 建物または製品等分類 |
|---|---|---|---|---|---|---|---|---|---|
| 1 | 機械装置 | イベント設備 | 非接触イベ | | | | 八芳園本館バンケット | 57 | 商業及びサービス業用機器 |
| 2 | システム構築費 | オンラインイベントシステム | システム外販 | | | | サーバー（AWS） | 53 | プログラム |
| 3 | システム構築費 | オンラインイベントシステム | システム外販 | | | | サーバー（AWS） | 53 | プログラム |
| 4 | 機械装置 | 洗浄機 | ミールキット | | | | 八芳園本館洗い場 | 57 | 商業及びサービス業用機器 |
| 5 | 機械装置 | 配膳ロボット | 非接触イベ | | | | 八芳園本館バンケット | 57 | 商業及びサービス業用機器 |
| 6 | 機械装置 | 掃除ロボット | イベント | | | | 八芳園内庭園 | 57 | 商業及びサービス業用機器 |
| 7 | 機械装置 | 配信機材 | 非接触イベ | | | | 八芳園本館バンケット | 54 | 通信装置及び関連装置 |
| 8 | 機械装置 | 通信設備 | 非接触イベ | | | | 八芳園全館 | 54 | 通信装置及び関連装置 |
| 9 | 機械装置 | 検温装置 | 非接触イベ | | | | 八芳園玄関 | 57 | 商業及びサービス業用機器 |
| 10 | 機械装置 | 急速冷凍機 | ミールキット | | | | 八芳園本館調理 | 56 | 冷凍機、冷凍機応用製品及び装置 |
| 11 | 機械装置 | 真空包装機 | ミールキット | | | | 八芳園本館調理 | 57 | 商業及びサービス業用機器 |
| 12 | 機械装置 | 小型高温高圧調理器 | ミールキット | | | | 八芳園本館調理 | 57 | 商業及びサービス業用機器 |
| 13 | 機械装置 | 液体凍結機 | ミールキット | | | | 八芳園本館調理 | 56 | 冷凍機、冷凍機応用製品及び装置 |
| 14 | システム構築費 | ECサイト構築 | ミールキット | | | | サーバー（AWS） | 53 | プログラム |
| **50万円以上の資産小計** | | | | | | | | | |
| 15 | 建物費 | 電源配線工事 | 食 | | | | 八芳園本館調理 | - | 建物 |
| 16 | 機械装置 | 冷凍庫 | ミールキット | | | | 八芳園本館調理 | 56 | 冷凍機、冷凍機応用製品及び装置 |
| 17 | 機械装置 | 立体物用プリンター | ミールキット | | | | 八芳園本館調理 | 57 | 商業及びサービス業用機器 |
| 18 | 機械装置 | アルコール噴霧器 | 非接触イベ | | | | 八芳園本館 | 57 | 商業及びサービス業用機器 |
| **50万未満の資産小計** | | | | | | | | | |
| 19 | 広告宣伝・販売促進費 | システム外販WEB広告 | システム外販 | | | | | - | |
| 20 | 広告宣伝・販売促進費 | システム外販マーケティング | システム外販 | | | | | - | |
| 21 | 広告宣伝・販売促進費 | システム外販販売促進 | システム外販 | | | | | - | |
| **経費小計** | | | | | | | - | | |
| **総合計** | | | | | | | - | | |

　　取得予定の50万円以上の資産は　　　　円です。また、その他50万円未満の資産として　　　　円、経費が　　　　円です。

## ４．収益計画

### ４−１．実施体制

　　本事業は　　　　　社長を最高責任者、　　　　　専務を現場統括責任者として推進します。３つの事業および経理・事務・報告ついてそれぞれ下記の体制で事業を推進します。

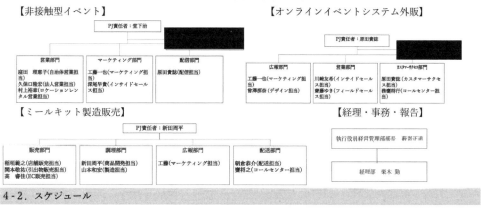

**【非接触型イベント】**
PJ責任者：堂下治
- 営業部門：窪田 理恵子（自治体営業担当）、久保口隆宏（法人営業担当）、村上裕章（ロケーションレンタル営業担当）
- マーケティング部門：工藤一也（マーケティング担当）、深尾早貴（インサイドセールス担当）
- 配信部門：原田貴誌（配信担当）

**【オンラインイベントシステム外販】**
PJ責任者：原田貴誌
- 広報部門：工藤一也（マーケティング担当）、曽澤那奈（デザイン担当）
- 営業部門：川崎友希（インサイドセールス担当）、齋藤ゆき（フィールドセールス担当）
- カスタマーサクセス部門：原田貴誌（カスタマーサクセス担当）、務臺将行（コールセンター担当）

**【ミールキット製造販売】**
PJ責任者：新田周平
- 販売部門：稲垣範之（店舗販売担当）、関本敬祐（引出物販売担当）、高 睿佳（EC販売担当）
- 調理部門：新田周平（商品開発担当）、山本和宏（製造担当）
- 広報部門：工藤（マーケティング担当）
- 配送部門：朝倉恭介（配送担当）、務臺将行（コールセンター担当）

**【経理・事務・報告】**
- 執行役員経営管理部部長 薪崇正清
- 経理部 栗木 勤

### ４−２．スケジュール

14

補助事業実施期間は 2021 年 4 月末から 2021 年 12 月を予定しています。非接触型イベントとオンラインイベントシステム外販は 2021 年 9 月、ミールキット製造販売は 2021 年 10 月に販売を開始する予定です。

| 大項目 | 小項目 | 細目 | 4月 | 5月 | 6月 | 7月 | 8月 | 9月 | 10月 | 11月 | 12月 |
|---|---|---|---|---|---|---|---|---|---|---|---|
| 非接触型イベント | 通信設備工事 | - | | | | ■ | | | | | |
| | 配信設備導入 | - | | | | ■ | | | | | |
| | ロボット購入・動作確認 | - | | | | ■ | | | | | |
| | オペレーションチェック | - | | | | | ■ | | | | |
| | イベント施行開始 | - | | | | | | ■ | | | |
| オンラインイベントシステム外販 | 要件定義 | - | | ■ | | | | | | | |
| | システム構築 | - | | | ■ | ■ | | | | | |
| | テスト運用 | - | | | | | ■ | | | | |
| | 外部営業研修 | - | | | | | ■ | | | | |
| | プレスリリース | - | | | | | ■ | | | | |
| | 販売開始 | - | | | | | | ■ | | | |
| ミールキット製造販売 | メニュー開発 | - | | | ■ | ■ | | | | | |
| | 製造設備工事第1次 | - | | | | | | | | | |
| | 厨房設備工事第2次(効率化) | - | | | | | | | | | ■ |
| | 店舗販売 | 販売スタッフ研修 | | | | ■ | | | | | |
| | | 販売開始 | | | | | ■ | | | | |
| | 引出物販売 | プランナー研修 | | | ■ | ■ | | | | | |
| | | 梱包・配送テスト | | | | | ■ | | | | |
| | | 販売開始 | | | | | ■ | | | | |
| | EC販売 | WEBサイト構築 | | | | ■ | ■ | | | | |
| | | 梱包・配送テスト | | | | | ■ | | | | |
| | | 販売開始 | | | | | | ■ | | | |

## 4-3. 収支計画

付加価値額の算定根拠

- 売上・営業利益は 2-2-1 で示した通り単価・販売数といった主要な KPI に分解したうえで算定しています。
- 人件費は固定人件費と変動(外注)人件費にわけて計画を策定しています。弊社は通常期で約 1/3 が変動人件費であり、2020 年 9 月期はコロナの影響でほとんど変動人件費がかかっていませんが 2022 年 9 月期以降は通常に戻ると見込んでおり、各年度平均 1-2%の昇給を見込んでいます。人員数は採用と定年退職をバランスさせ、既存事業から新事業へ配置転換を行うため増加は見込んでいません。
- 減価償却費は取得予定資産別に法定耐用年数を調べ償却限度額まで償却しています。

単位：円

| | 直近の決算年度<br>[2020年9月] | 補助事業終了年度(基準年度)<br>[2022年9月] | 1年後<br>[2023年9月] | 2年後<br>[2024年9月] | 3年後<br>[2025年9月] | 4年後<br>[2026年9月] |
|---|---|---|---|---|---|---|
| ① 売上高 | | | | | | |
| ② 営業利益 | | | | | | |
| ③ 経常利益 | | | | | | |
| ④ 人件費 | | | | | | |
| ⑤ 減価償却費 | | | | | | |
| 付加価値額(②+④+⑤) | | | | | | |
| 伸び率（%） | | | | | | |

## 4-4. 資金調達計画

本事業の実施において、金融機関等からの調達予定はなく補助金＋自己資金で事業を遂行する予定です。補助金が満額採択されない場合でも十分な資金余力があるため事業の遂行に支障はありません。

15

## 5．採点項目別のまとめ

| 審査項目 | | 主な参照箇所 | 記載内容の抜粋 |
|---|---|---|---|
| 事業適格性 | 付加価値額増加 | 4-3 | 付加価値額は4年で31%増、年平均7.6%増加する計画であり要件を満たします。 |
| 事業化点 | ①事業遂行可能性 | 4-1~4 | DX推進のためのロボット活用や、法人顧客開拓に向けた営業など、弊社の弱みになっている部分は外部パートナーと連携します。<br>社内体制も3つの事業別に責任者を配置し専門人材を組織化しています。財務・資金面でも自己資金で十分遂行可能ですが必要があれば金融機関確認書の通り調達も可能です。 |
| | ②市場性 | 2-1 | オンラインイベントおよびミールキットに関するマーケットは成長中の数千億円規模のマーケットであり十分な市場性があります。<br>具体的な顧客とニーズについても3つの事業それぞれで想定しています。 |
| | ③競争優位性、収益性、方法スケジュール具体性、課題と解決 | 1-6<br>2-1-1<br>2-1-3<br>4-1~4 | もともとリアル・オフラインのビジネスに強みがありますが、強みを活かした明確な差別化をしており競争優位性は高いです。 |
| | ④費用対効果、既存事業とのシナジー | 1-5-2<br>2-2-1 | 2億円の投資に対して4年後に売上███円営業利益███円の事業を構築する予定であり費用対効果は高いです。<br>顧客にとってオンライン領域とオフライン領域は統合されていく（OMO）ためシナジーが高いと考えます。 |
| 再構築点 | ①指針適合性リスクテイク・大胆 | 1-5 | 業態転換の要件に合致しています。<br>また、リアルイベントの依存度を下げ、設備や人員も転換していくため、リスクを取った大胆な事業計画だと考えます。 |
| | ②再構築必要性・緊要性 | 1-2,1-3,1-4 | ブライダル業界は大打撃を受けました。中期的にも市場が縮小する見込みであり、DXの推進とブライダル以外の業界への進出が必要です。 |
| | ③強み活用・リソース最適化 | 1-4-1 | 食とイベントの強みを活かしています。既存業務の効率化を行い新規事業へ人員を配置転換します。 |
| | ④地域イノベーション | 2-2-2 | ミールキット製造販売において自治体のPRを行うことができます<br>オンラインイベントシステム販売において、顧客は日本全国のイベント主催者となるため、彼らの支援が地域経済の発展に貢献します。自治体がオンラインでイベントを開き特産品をEC販売するといった、自治体や地域の事業者のDXをサポートでき、地域イノベーションに貢献できます。 |
| 政策点 | ①デジタル・低炭素・経済社会に重要な技術の活用と経済成長貢献 | 1-6-1<br>1-6-2 | 特に非接触型イベントにおいてイベント事業者として配膳ロボットの活用を先行して行うことはロボットを使ったサービス産業の礎になると考えます。<br>オンラインイベントシステムは、リアルイベントの要素をオンラインシステムに実装しており、ニューノーマルでのビジネスを加速させます。 |
| | ②コロナからの回復 | 1-3,1-4 | DXでリアル依存を脱却し、ニューノーマルに対応した企業へと変革します。 |
| | ③グローバルニッチトップ潜在性 | 1-6-1<br>1-6-2 | 特に非接触型イベントは、オンライン・オフラインハイブリッドイベントのグローバルレベルのデファクトスタンダードをつくる可能性があります。高いレベルでの安全性と感動体験を両立できる会場として国際会議の誘致や世界的にも清潔な国としての日本のブランディングに貢献しうると考えます。 |
| | ④地域経済の発展 | 2-2-2 | イベントシステムやミールキット製造販売において自治体のPRを行うことができます。<br>大消費地と物理的に離れた地方自治体がオンラインを通じて日本全国・世界にPRできるという点においてイノベーティブな取り組みです。 |
| | ⑤複数事業者連携経済波及効果 | 2-2-2 | 地方を含むイベント事業者に対するシステム販売や食品製造業のノウハウ共有を行うことで、業界全体の生産性向上に寄与します。 |
| 加点項目 | ①売上高減少 | 別添 | 別添　宣誓書および証票の通り加点要件を満たします |
| | ②固定費＞協力金 | 別添 | 別添　宣誓書および証票の通り加点要件を満たします |

16

## （2）章立て

　本計画書は、1ページ目に目次がある点に特徴があります。目次は必須の記載事項ではありませんが、審査委員が15ページにわたる長文の計画書を読む際には計画の構成を把握できると同時に読み進めやすくなる効果があるものと思われます。

≪章立て≫

---

１．補助事業の具体的取組内容

　１-１．弊社概要

　１-２．事業環境と弊社の事業の特徴

　１-２-１．事業環境

　１-２-２．弊社の事業の特徴

　１-３．コロナによる影響

　１-３-１．ブライダル業界全体への影響

　１-３-２．弊社への影響

　１-３-３．ポストコロナの業界展望

　１-４．事業再構築の必要性

　１-４-１．強み・弱み、機会・脅威のまとめ

　１-４-２．弊社が抱える課題と解決方針

　１-５．事業再構築の内容

　１-５-１．応募申請の枠・類型

　１-５-２．事業再構築の具体的な内容

　１-６．補助事業を行うことによる他社・既存事業との差別化

　１-６-１．非接触型イベント

　１-６-２．オンラインイベントシステム外販

　１-６-３．ミールキット製造販売

２．将来の展望、事業化に向けて想定している市場及び期待される効果

　２-１．事業化に向けた戦略

　２-２．事業化の見込み

３．本事業で取得する主な資産および対象経費一覧

４．収益計画

　４-１．実施体制

　４-２．スケジュール

　４-３．収支計画

　４-４．資金調達計画

５．採点項目別のまとめ

---

1．～4．は事業計画、5．は本補助金の採点項目に対する要点整理という構成になっています。1．には、「補助事業の具体的取組内容」を記載されていますが、下記のとおり事業再構築補助金の趣旨に則って組み立てられています。

「1-1．弊社概要」「1-2．事業環境と弊社の事業の特徴」

ところが

「1-3．コロナによる影響」

だから

「1-4．事業再構築の必要性」

具体的には

「1-5．事業再構築の内容」

これによって

「1-6．補助事業を行うことによる他社・既存事業との差別化」

　2．には「将来の展望、事業化に向けて想定している市場及び期待される効果」、つまり、補助事業（補助対象となる設備投資等）が完了した後に申請者がどのようにそれを活かして事業化を行っていくのかを記載します。事業再構築補助金の「電子申請入力項目」をダウンロードすると、ここに記載すべき事項として「本事業の成果が寄与すると想定している具体的なユーザー、マーケット及び市場規模」「価格的・性能的な優位性・収益性」「課題やリスクとその解決方法」「目標となる時期・売上規模・量産化時の製品等の価格」というキーワードが与えられています。本事業計画では、これらのキーワードが漏れなく考慮されたうえで、「戦略」と「見込み」に分けて整理されています。

「2-1．事業化に向けた戦略」

　2-1-1．顧客と顧客提供価値
　2-1-2．マーケット及び市場規模

2-1-3．価格的・性能的な優位性・収益性

2-1-4．実行上の課題やリスク、その解決方法

「2-2．事業化の見込み」

2-2-1．目標となる時期・売上規模・量産化時の製品等の価格等

2-2-2．地域への経済波及効果・イノベーションへの貢献

事業計画で最も具体的な記載が必要となるのが「3．本事業で取得する主な資産および対象経費一覧」「4．収益計画」です。特に、4．の収益計画には、実施体制として本事業に係る組織図、取組スケジュール、収支計画、資金調達計画といった事業計画の"肝"を記載します。ここが具体的で、かつ実現可能性が感じられるものでなければ、事業計画は画餅に終わる印象を与えてしまい、採択は難しいでしょう。

## （3）審査基準への対応

「5．採点項目別のまとめ」には、各審査基準に対して本計画がどのように対応しているか記載されています。各審査基準への対応は事業計画の本文として記載していれば十分ですが、審査委員が読みやすいように、敢えてまとめの章を設けるという工夫をしています。

## （4）その他の工夫

### ■写真、図表の使用

会社概要や市場に関するグラフ等、視覚的に訴える情報を文章と併用することで、より読みやすい事業計画となっています。

写真や図表等を用いる際には以下の点に気をつけてください。

・写真や図表にタイトルをつける

・外部データであれば出典を明示する

・事業計画書をPDF化したときに鮮明に見えるか確認する（文字の大きさ、画素等）

### ■太字、網掛け、囲み

章のタイトルや、強調したい言葉等に太字や網掛けによる強調フォントを用いたり、重要な文章を四角で囲んだり等の工夫が施されており、全体として見た目のうえからもメリハリのある文章となっています。

# ✔チェックポイント!

- ☐ ウィズコロナ・ポストコロナ時代の経済社会の変化に対応する思い切った事業再構築を実施し、Ｖ字回復を目指す。

- ☐ 事業再構築補助金の趣旨に則ったストーリー

  「１−１．弊社概要」「１−２．事業環境と弊社の事業の特徴」
  　　⇩　ところが
  「１−３．コロナによる影響」
  　　⇩　だから
  「１−４．事業再構築の必要性」
  　　⇩　具体的には
  「１−５．事業再構築の内容」
  　　⇩　これによって
  「１−６．補助事業を行うことによる他社・既存事業との差別化」

- ☐ 全体の章立てがきれいにできており、先頭から順に読んで理解しやすい。

- ☐ 「目次」「採点項目のまとめ」を作成して、審査委員に対して確実なアピール。

- ☐ 具体的な収益計画（実施体制、スケジュール、収支計画、資金調達計画）が立てられている。

# 「ものづくり補助金」申請書作成のコツ

　補助金の申請書を作成する際には公募要領をよく読み理解することが重要ですが、「ものづくり補助金」の申請書の作成にあたっては、それだけでは足りません。加えて、【革新的サービス】で申請する場合には「中小サービス事業者の生産性向上のためのガイドライン[1]（以下、「生産性向上ガイドライン」という）」を、【ものづくり技術】で申請する場合には「中小企業の特定ものづくり基盤技術の高度化に関する指針[2]（以下、「高度化指針」という）」を理解しておく必要があります。

　また、「ものづくり補助金」の審査が行われる際に審査基準となるポイントを確認し、それぞれの項目について申請書の中で読みやすくまた印象強く記載して確実に得点していくことも大切です。審査基準となるポイントについては、公募要領の中から抜き出してP171以降に「ものづくり補助金ポイントシート」としてまとめてありますので参考にしてください。

## （1）「生産性向上ガイドライン」の理解

　【革新的サービス】で申請する場合、「生産性向上ガイドライン」で示された方法で行う革新的なサービスの創出・サービス提供プロセスの改善であり、3〜5年計画で、事業計画期間において、給与支給総額を年率平均1.5％以上、事業場内最低賃金を毎年、地域別最低賃金＋30円以上、及び「付加価値額」[3]年率3％以上等の向上を達成できる計画であることが、補助対象要件となります。

　この類型での申請にあたっては、まず、生産性向上ガイドラインで示された方法10種類を読み、申請する事業にふさわしい方法を1つ以上選択する必要があります。そして選択した方法については、事業計画の中で具体的にどのような取組みを行うか記載する必要があります。

### ■「生産性向上ガイドライン」とは

　生産性向上ガイドラインは、サービス業を営む中小企業が経営課題を解決するために参考となる取組みの方向性や具体的手法等を紹介する目的で策定され、平成27年1月に経済産業省から公表されたものです。

---

1　生産性向上ガイドラインは以下のURLから確認できます。
http://www.meti.go.jp/policy/servicepolicy/service_guidelines.pdf
2　高度化指針は以下のURLから確認できます。http://www.chusho.meti.go.jp/keiei/sapoin/shishin.html
3　付加価値額＝営業利益＋人件費＋減価償却費

生産性向上ガイドラインでは、サービスの生産性向上を「付加価値の向上」と「効率の向上」とに分けて捉え、「付加価値の向上」については「誰に」「何を」「どうやって」というそれぞれの切り口でどのような取組みが可能であるか、また、横断的に「効率の向上」を目指すためにはどのような取組みが可能であるかを紹介しています。具体的手法には以下の10種類があります。

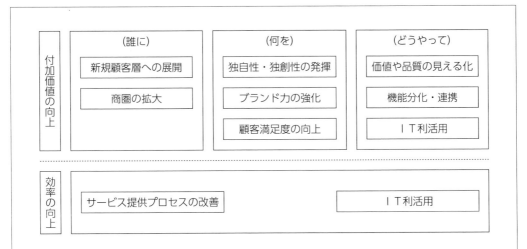

１．付加価値の向上に関する具体的手法
（１）新規顧客層への展開
　これまでマーケティングの不足などの理由で、事業の主たる対象にしてこなかった、または意識しなかった同一商圏内の主体を新たな顧客としてビジネスモデルに取り込むことが、付加価値の向上を通じた生産性向上に繋がります。すなわち、事業の主たる対象を拡大・再設定し、事業の付加価値を拡大するものです。
　ただし、新規の顧客に拡大するためには、提供するサービス・商品の内容や提供方法等の修正が必要なケースが多いと考えられます。この場合、研究開発や設備への新たな投資、人的体制の強化等が必要になります。その際、得られる効果に見合った投資等でなければ生産性を却って低下させてしまいますので、マーケティングによる綿密な情報分析等に基づき費用対効果を確認することが重要です。
　より効果的な新規顧客層へ展開のためには、ターゲットとする新たな顧客層の属性やライフスタイルを具体的に設定することや、既存顧客の中でターゲットを明確化し関係性を強化すること、他社との違いに敏感な顧客層に対する情報提供の手法の工夫、将来の成長性がある顧客層へ展開を検討する必要があります。

（２）商圏の拡大
　ロジスティック確保や情報の提供が困難などの理由で、これまで事業の対象ではなかった商圏に対し、近年急速な進歩を遂げつつある情報ネットワークや宅配サービスなどを活用してサービス・商品の提供範囲を広げることが、付加価値の向上を通じた生産性向上に繋がります。すなわち、事業の主たる地理的範囲を拡大・再設定し、事業の付加価値を拡大するものです。
　ただし、商圏を拡大するためには、提供するサービス・商品の内容や提供方法等の修正が必要なケースが多いと考えられます。この場合、研究開発や設備への新たな投資、人的体制の強化等が必要になります。その際、得られる効果に見合った投資等でなければ生産

性を却って低下させてしまいますので、マーケティングによる情報分析等に基づき費用対効果を確認することが重要です。

より効果的な商圏の拡大のためには、新たな商圏を具体的に設定することや、他社との違いをアピールできる情報提供の手法の工夫、将来の成長性がある商圏への展開を検討する必要があります。

（３）独自性・独創性の発揮

あるサービスを長く提供していると、品質・機能等が同一であっても、顧客にとってはそのサービスの効用は低減します。従って、顧客の期待価値を高め、あるいは維持するためにも、自社がこれまでに提供してきたサービス・商品や競合他社のそれらとの差異を打ち出す必要があります。他に誰も提示していないような新規のコンセプトを打ち出す、異なる要素を組み込む、特定の要素に特化・深堀する、新たな提供方法を考え出す等によって既存のサービス・商品とは異なる独自の価値を提供するということです。

より効果的に独自性・独創性を生み出すには、自社が現在提供しているサービス・商品を客観的に把握・分析し、その優位性を延ばす、あるいは欠点を改善することが有効です。もちろん「世界初・日本初」「最先端技術を最初に採用」といった新規性は大変有効ですが、それに限らず、特に地域性の高いサービスについては、同一地域における他社における提供状況、他地域における先進的成功事例などを勘案しながら、あくまでも顧客視点で独自性・独創性を捉える必要があります。言うまでもなく、単に独自のものを提供しても顧客が求めるものでなければ購入してもらえません。

（４）ブランド力の強化

顧客の期待に見合う付加価値を提供することにより、当該サービスを購入したら得られるであろう満足感や特別感を高めること、すなわちブランド力を強化することが重要です。そのためには、提供するサービス・商品の持つ「こだわり」や「価値・品質」を積極的に情報発信することが有効ですが、単に高価格のサービス・商品を開発したり、やみくもに品質向上を目指すことを意味するわけではありません。十分なマーケティングに基づいて顧客のニーズや期待されるサービス水準を把握・分析し、それを常に満たすもしくは上回るサービス・商品を提供し続ける必要があります。併せて、的確な情報提供・広報やイメージ作り、ビジネスモデルに直接関わるブランド戦略を策定することが必要です。顧客がサービス・商品の価値や品質を体感・実感でき、将来提供されるサービス・商品に対する信頼が醸成されることで、ブランドイメージが定着し、そのデザインやコンセプト自体に顧客が価値を見出すようになります。

より効果的にブランド力を強化していくためには、まずコンセプトを明確に打ち出すことが大切です。そのうえで、サービス・商品の内容はもとより、提供手段である店舗やサイトの設計、サービス提供するスタッフの振る舞い・言葉遣い・身だしなみなど顧客とのあらゆる接点をそのコンセプトに基づき一貫させることが有効です。さらに、提供するサービス・商品のバラつきを無くし品質を安定化させる、サービス・商品の品質を保証して、顧客の信頼性を向上させることもブランド力の強化に必要です。

（５）顧客満足度の向上

付加価値を持続的に向上させるためには、その価値の受け手である顧客の期待を満たすことが必要です。そのためには、十分なマーケティングに基づいて顧客のニーズや期待されるサービス水準を把握・分析し、提供するサービスの品質がそれに合致し、また上回るよう維持する努力が不可欠です。

その際、常に変化・高度化する顧客ニーズを的確に捉え、弛まぬ技術革新・経営革新の努力によって新しいサービス・商品を創造し続けることが有効です。他方、サービスの品質を高い水準で維持し、提供されるサービス・商品の内容やその提供方法等を均質化することで顧客の信頼を高めることも有効と考えられます。

どのような手法を採用するにせよ、顧客のニーズや期待を的確かつ迅速に把握し分析することが重要ですが、より効果的な顧客満足度の向上のためには、顧客のニーズが必ずしも画一ではなく、むしろ多様性を持っていることが多い点に留意する必要があります。その上で、出来るだけ広範な顧客の満足度を満たすのか、特定の顧客層に対象を絞ってより高い顧客満足度を目指すのか、提供するサービス・商品の特性等に応じてビジネスモデルを構築することが有効です。

## （6）価値や品質の見える化

提供されるまでその価値・品質が確認できないサービスにおいて、顧客が事前にサービスを比較し選択できる仕組みを構築することが有効です。事前に必要な情報を得られることで、顧客は、満足度が低いサービスに甘んじたり、試行錯誤に伴う無駄な出費や、期待価値以上のサービスへの過剰な出費を強いられることを回避できます。

より効果的な価値や品質の見える化のためには、口コミサイトやサービスの認証等自社以外の仕組みを上手く活用することが費用対効果の点で優れた手法です。ただし、この場合、顧客が誤った情報を受け取るリスクや競業他社に模倣されるリスク、認証制度そのものに対する信頼性の確保等の課題があることを認識し、その対策も含めて実施することが必要です。

さらに、自社が提供するサービス内容の情報提供にあたっては、景表法等の法令を遵守することが必須です。

## （7）機能分化・連携

ビジネスモデルを構築する際、自社が持つ経営資源とその強みを的確に認識し、それを最大限に活用・発揮できる方法かどうかという観点で考えることが重要です。その際、技術やノウハウなど自社の強みを知的財産としてしっかり確保しつつ、それが生み出す付加価値を最大化できるように社外のネットワークを構築することが有効です。

他方、自社の経営資源の不足やその弱みを認識することもまた重要です。一般に規模が小さい中小企業では、ヒト・モノ・カネ等全般において経営資源が不足しがちであることから、不足する経営資源を外部に求める必要があります。顧客は、部分や部品ではなく全体をワンストップで提供されるサービス・商品を期待することも多く、異分野・同分野の他企業や外部専門家との連携によって、それを実現することが可能です。

より効果的な機能分化・連携のためには、自社の経営資源とその強み・弱みを明確かつ客観的に認識し、コア業務すなわち真に付加価値を創造できる業務に集中できる体制を実現することが重要です。そのためには、目的を共有し、それを実現するための役割を分担できるパートナー関係を構築することが必要です。そして、コア業務への集中によって生み出された新たな付加価値は、連携体や顧客にとってのメリットとして還元を図る、いわゆるシナジー効果を得ることが求められます。

## （8）IT利活用＜付加価値向上に繋がる利活用＞

前述（1）～（7）による付加価値向上を図る上で、急速に進展するIT（情報技術）を活用することも有効です。近年は通信機能を活用する製品やサービスも多数登場しており、

必要に応じてこれらを活用することも付加価値の向上を図るにあたり有効な手段となります。

　例えば（1）新規顧客層への展開や（2）商圏の拡大に取り組む場合、自社が提供するサービス・商品の情報についてインターネット等を通じて情報発信することにより非常に広範な顧客に対して情報を届けることが可能となります。また、「ビッグ・データ」と呼ばれる自社の内部に蓄積する情報やネットワーク上に存在する情報を収集・分析することによって、新たな顧客層や新たな商圏のニーズを的確に把握し、ニーズに対応した新規出店や新しいサービス・商品の提供が可能となります。ITを適切に活用することにより、自社の事業における付加価値向上を効果的に実現することができます。

　他方で、効果的にIT利活用を付加価値向上に繋げるためには、IT利活用の有効性とあわせてIT利活用に伴うリスクを認識し、それに対する適切な準備と対策を実施することが必要です。特に情報セキュリティの確保については、社外からの不正なアクセスや意図しない情報流出を防ぐ社内体制を整備することが極めて重要です。さらに、社内に蓄積される顧客の個人情報等についての安全管理を図ることも求められています。

## ２．効率の向上に関する具体的手法

### （9）サービス提供プロセスの改善

　ものづくりの現場では、それが中小企業であっても、製造のプロセスをグラフ化・チャート化して客観的に把握するとともに、ＱＣサークル活動等を通じて日々改善努力が続けられています。サービス分野においても、業務フローなどのサービス提供プロセスを把握・分析し、作業や工程等の無駄・ロスの改善を通じた生産性の向上に繋げることができます。また、業務フローを的確に把握し、そのボトルネックを明らかにすることで、品質のバラつきの無い安定したサービス提供が実現できます。

　顧客に提供される付加価値を維持・向上する形で、無駄な作業時間・工程を削減することは、コストの低減に直結し、費用対効果の改善を通じて価格競争力に繋がります。また、顧客に直接サービス提供しないバックオフィス（後方で事務や管理業務を行う部門のこと）の効率化は、特に人手不足が深刻な中小サービス業においては、人員配置や従業員の役割見直し等によって、乏しい経営資源の有効活用を可能とします。

　より効果的なサービスプロセスの改善として、業務フロー及びサービス提供プロセスを明確化することで可能となる経営状況の把握・分析・伝達を、迅速で的確な経営判断のためにも活用することが有効です。その一方、業務フローやサービス提供プロセスは重要な機密情報にあたることから、社内の情報管理の徹底や個人情報の保護など事業の安定継続のためのリスク管理体制を確保することが求められます。

### （10）IT利活用＜効率化に繋げるための利活用＞

　前述（9）によるサービス提供プロセスの改善を図る上で、必要に応じてITを活用することが有効です。例えば、クラウドと呼ばれる技術を用いたサービスを活用することで、自社で新たな設備を設置するなどの多額の投資をすることなく、社外のITリソースを低廉なコストで利用することも可能となります。

　ITは、サービス提供の効率化に繋げるための業務分析や経営状況の把握に対しても有効なツールとなります。また、ロボット技術等と組み合わせてサービス提供工程の一部を自動化・システム化することで効率的かつ品質のバラつきが無いサービス提供を実現することも期待されます。

　効率化をより効果的に実現するには、IT利活用の効果とあわせて、それに伴うリスクを

認識し、それに対する適切な準備と対策を実施することが必要です。特に情報セキュリティの確保については、社外からの不正なアクセスや意図しない情報流出を防ぐ社内体制を整備することが極めて重要です。さらに、社内に蓄積される顧客の個人情報等についての安全管理を図ることも求められています。また、業務効率によって生み出された経営資源を、付加価値の向上のための取組に配分し成果を創出するための方策、例えば新たな取組に向けたアイデアの活用促進の体制構築などが経営者に求められます。

（経済産業省「中小サービス事業者の生産性向上ガイドライン」より抜粋）

## （2）「高度化指針」の理解

　【ものづくり技術】で申請する場合、「高度化指針」に提示される特定ものづくり基盤技術を活用した革新的な試作品の開発・生産プロセスの改善を行い、3〜5年計画で事業計画期間において、給与支給総額を年率平均1.5％以上、事業場内最低賃金を毎年、地域別最低賃金＋30円以上及び「付加価値額」年率3％以上等の向上を達成する計画であることが、補助対象要件となります。

　この類型での申請にあたっては、まず、特定ものづくり基盤技術として指定された12分野から1分野以上を選択する必要があります。そして選択した分野について、高度化指針に掲げられている分野ごとの高度化目標、開発等の実施方法、開発等を実施するにあたり配慮すべき事項等を参照しながら事業計画を策定する必要があります。

### ■高度化指針とは

　高度化指針とは、中小企業等の経営強化に関する基本方針第4第4項第1号の規定に基づき、我が国製造業の国際競争力を支えるものづくり基盤技術の高度化の観点から、研究開発に取り組む中小企業が参考とするために、今後社会の求められる技術の方向性及び具体的な開発手法の情報について、中小企業庁が提示しているものです。

### ■高度化指針の視点

　高度化指針においては、中小企業における技術革新を市場ニーズと関連づけて以下のように想定しています。

川下製造業者等の高度な要求にひたむきに応えることで競争力の源泉を支えてきた川上中小企業者等

 革新

川下製造業者等のニーズを抽象度が高い段階から的確に捉え、自らが有する技術に基づいて、ものづくりを大局的・主体的視点から提案できる川上中小企業者等

つまり、革新とは、川上中小企業者等自身が、自社の強みとなる技術を見つめ直し、川下製造業者等に対して、どのような「用途」を提供できる技術なのかを再認識し、そのうえで必要な技術革新を計画、実行していくことといえます。

ものづくり補助金においては、ものづくり高度化法の趣旨に合致する、市場ニーズを捉えた、大局的・主体的な技術革新について支援が行われます。

## ■指定された12分野

| 1 | デザイン開発 | 製品の審美性、ユーザーが求める価値、使用によって得られる新たな経験の実現・経験の質的な向上等を追求することにより、製品自体の優位性のみならず、製品と人、製品と社会との相互作用的な関わりも含めた価値創造に繋がる総合的な設計技術。 |
|---|---|---|
| 2 | 情報処理 | ＩＴ（情報技術）を活用することで製品や製造プロセスの機能や制御を実現する情報処理技術。製造プロセスにおける生産性、品質やコスト等の競争力向上にも資する。 |
| 3 | 精密加工 | 金属等の材料に対して機械加工・塑性加工等を施すことで精密な形状を生成する精密加工技術。製品や製品を構成する部品を直接加工するほか、部品を所定の形状に加工するための精密な工具や金型を製造する際にも利用される。 |
| 4 | 製造環境 | 製造・流通等の現場の環境（温度、湿度、圧力、清浄度等）を制御・調整するものづくり環境調整技術。 |
| 5 | 接合・実装 | 相変化、化学変化、塑性・弾性変形等により多様な素材・部品を接合・実装することで、力学特性、電気特性、光学特性、熱伝達特性、耐環境特性等の機能を顕現する接合・実装技術。 |

| 6 | 立体造形 | 自由度が高い任意の立体形状を造形する立体造形技術。（ただし、「3 精密加工」に係る技術に含まれるものを除く。） |
|---|---|---|
| 7 | 表面処理 | バルク（単独組織の部素材）では持ち得ない高度な機能性を基材に付加するための機能性界面・被覆膜形成技術。 |
| 8 | 機械制御 | 力学的な動きを司る機構により動的特性を制御する動的機構技術。動力利用の効率化や位置決め精度・速度の向上、振動・騒音の抑制等を達成するために利用される。 |
| 9 | 複合・新機能材料 | 部素材の生成等に際し、新たな原材料の開発、特性の異なる複数の原材料の組合せ等により、強度、剛性、耐摩耗性、耐食性、軽量等の物理特性や耐熱性、電気特性、化学特性等の特性を向上するまたは従来にない新しい機能を顕現する複合・新機能材料技術。 |
| 10 | 材料製造プロセス | 目的物である化学素材、金属・セラミックス素材、繊維素材及びそれらの複合素材の収量効率化や品質劣化回避による素材の品質向上、環境負荷・エネルギー消費の低減等のために、反応条件の制御、不要物の分解・除去、断熱等による熱効率の向上等を達成する材料製造プロセス技術。 |
| 11 | バイオ | 微生物を含む多様な生物の持つ機能を解明・高度化することにより、医薬品、エネルギー、食品、化学品等の製造、それらの評価・解析等の効率化及び高性能化を実現するバイオ技術。 |
| 12 | 測定計測 | 適切な測定計測や信頼性の高い検査・評価等を実現するため、ニーズに応じたデータを取得する測定計測技術。 |

## （3）ものづくり補助金の事業計画のアウトライン

　ものづくり補助金総合サイトからダウンロードできる「参考様式　事業計画書　記載項目」に事業計画のアウトラインが示されています。「その1」に補助事業の具体的取組内容、「その2」に将来の展望（事業化に向けて想定している市場及び期待される効果）、「その3」に会社全体の事業計画を、全体でA4用紙10枚に収まるように記載します。

---

その1：補助事業の具体的取組内容
　① 本事業の目的・手段について、今までの自社での取組みの経緯・内容をはじめ、今回の補助事業で機械装置等を取得しなければならない必要性を示してください。また、課題を解決するため、不可欠な工程ごとの開発内容、材料や機械装置等を明確にしながら、具体的な目標及びその具体的な達成手段を記載してください（必要に応じて図表や写真等を用い具体的かつ詳細に記載してください）。
　事業期間内に投資する機械装置等の型番、取得時期や技術の導入時期についての詳細なスケジュールの記載が必要となります。

---

② 応募申請する事業分野（「試作品開発・生産プロセス改善」又は「サービス開発・新提供方式導入」）に応じて、事業計画と「中小企業の特定ものづくり基盤技術の高度化に関する指針」又は「中小サービス事業者の生産性向上のためのガイドライン」との関連性を説明してください。
③ 本事業を行うことによって、どのように他者と差別化し競争力強化が実現するかについて、その方法や仕組み、実施体制など、具体的に説明してください。

その２：将来の展望（事業化に向けて想定している市場及び期待される効果）
① 本事業の成果が寄与すると想定している具体的なユーザー、マーケット及び市場規模等について、その成果の価格的・性能的な優位性・収益性や現在の市場規模も踏まえて記載してください。
② 本事業の成果の事業化見込みについて、目標となる時期・売上規模・量産化時の製品等の価格等について簡潔に記載してください。
③ 必要に応じて図表や写真等を用い、具体的かつ詳細に記載してください。

（補助事業と関連するクラウドファンディングの活用実績）
※プロジェクトを掲載したＵＲＬ（一般社団法人日本クラウドファンディング協会会員等が提供するクラウドファンディングサービス等）を記載してください。

その３：会社全体の事業計画

(単位：円)

| | 基準年度<br>※<br>[ 年 月期] | １年後<br>[ 年 月期] | ２年後<br>[ 年 月期] | ３年後<br>[ 年 月期] | ４年後<br>[ 年 月期] | ５年後<br>[ 年 月期] |
|---|---|---|---|---|---|---|
| ①売　上　高 | | | | | | |
| ②営　業　利　益 | | | | | | |
| ③経　常　利　益 | | | | | | |
| ④人　件　費 | | | | | | |
| ⑤減価償却費 | | | | | | |
| 付加価値額（②＋④＋⑤） | | | | | | |
| 伸び率（％） | | | | | | |
| ⑥設　備　投　資　額 | | | | | | |
| ⑦給　与　支　給　総　額 | | | | | | |
| 伸　び　率(％) | | | | | | |

① 会社全体の事業計画（表）における「付加価値額」や「給与支給総額」等について、数字の算出根拠（実現の道筋）を明記してください。
② 本事業計画（表）で示した数値は、補助事業終了後に、事業化状況等報告において伸び率の達成状況の確認を行います。
※基準年度には、応募にあたっては、申請締切日から６ヶ月前の日以降の決算の実績値又は見込み値を入力してください。
※見込みの数字を入れた場合は、交付申請時等、実績値が判明次第、実績の数字に置き換えて、付加価値額や給与支給総額等の伸び率の達成状況を確認します。

## （４）ものづくり補助金ポイントシート

　ものづくり補助金公募要領の中の「審査項目」に、審査基準が記載されています。また、公募要領の中の「応募申請書類の記入・提出にかかる留意点」の「事業の具体的な内容」に、事業計画に記載すべき事項が指示されていますので併せて確認してください。なお、ここでご紹介しているものは令和４年度第２次補正・令和５年度予算ものづくり補助金（16次締切）に対応するものですのでご留意ください。

## （1）事業化面

① 補助事業実施のための社内外の体制（人材、事務処理能力、専門的知見等）や最近の財務状況等から、補助事業を適切に遂行できると期待できるか。金融機関等からの十分な資金の調達が見込まれるか。

② 事業化に向けて、市場ニーズを考慮するとともに、補助事業の成果の事業化が寄与するユーザー、マーケット及び市場規模が明確か。クラウドファンディング等を活用し、市場ニーズの有無を検証できているか。

③ 補助事業の成果が価格的・性能的に優位性や収益性を有し、かつ、事業化に至るまでの遂行方法及びスケジュールが妥当か。

④ 補助事業として費用対効果（補助金の投入額に対して想定される売上・収益の規模、その実現性等）が高いか。

## （2）政策面

① 地域の特性を活かして高い付加価値を創出し、地域の事業者等や雇用に対する経済的波及効果を及ぼすことにより地域の経済成長（大規模災害からの復興等を含む）を牽引する事業となることが期待できる（地域未来牽引企業に選定されている、又は、地域未来投資促進法に基づく地域経済牽引事業計画の承認を受けている）か。

② ニッチ分野において、適切なマーケティング、独自性の高い製品・サービス開発、厳格な品質管理などにより差別化を行い、グローバル巿場でもトップの地位を築く潜在性を有しているか。

③ 異なるサービスを提供する事業者が共通のプラットフォームを構築してサービスを提供するような場合など、単独では解決が難しい課題について複数の事業者が連携して取組むことにより、高い生産性向上が期待できるか。異なる強みを持つ複数の企業等（大学等を含む）が共同体を構成して製品開発を行うなど、経済的波及効果が期待できるか。また、事業承継を契機として新しい取組を行うなど経営資源の有効活用が期待できる（アトツギ甲子園のピッチ大会出場）か。

④ 先端的なデジタル技術の活用、低炭素技術の活用、環境に配慮した事業の実施、経済社会にとって特に重要な技術の活用、新しいビジネスモデルの構築等を通じて、我が国のイノベーションを牽引し得るか。

⑤ ウィズコロナ・ポストコロナに向けた経済構造の転換、事業環境の変化に対応する投資内容であるか。また、成長と分配の好循環を実現させるために、有効な投資内容となっているか。

## （3）グローバル市場開拓の取組等の妥当性（グローバル市場開拓枠のみ）

① 海外展開等に必要な実施体制や計画が明記されているか。また、グローバル市場開拓に係る専門性を申請者の遂行能力または外部専門家等の関与により有しているか。

② 事前の十分な市場調査分析を行った上で、国際競争力の高い製品・サービス開発となっているか。

③ 国内の地域経済に寄与するものであるか。また、将来的に国内地域での新たな需要や雇用を創出する視点はあるか。

④ ブランディング・プロモーション等の具体的なマーケティング戦略が事業計画書に含まれているか。（海外市場開拓（ＪＡＰＡＮブランド）類型のみ）

## （4）大幅な賃上げに取り組むための事業計画の妥当性（大幅な賃上げに係る補助上限額引上の特例のみ。）

① 大幅な賃上げの取組内容が具体的に示されており、その記載内容や算出根拠が妥当なものとなっているか。

② 一時的な賃上げの計画となっておらず、将来に渡り、継続的に利益の増加等を人件費に充当しているか。また、人件費だけでなく、設備投資等に適切に充当し、企業の成長が見込めるか。

③ 将来に渡って企業が成長するため、従業員間の技能指導や外部開催の研修への参加、資格取得促進等、従業員の部門配置に応じた人材育成に取り組んでいるか。また、従業員の能力に応じた人事評価に取り組んでいるか。

④ 人事配置等の体制面、販売計画等の営業面の強化に取り組んでいるか。

## （5）加点項目

① 成長性加点：「有効な期間の経営革新計画の承認を取得した事業者」

② 政策加点：
②－1：「創業・第二創業後間もない事業者（5年以内）」
②－2：「パートナーシップ構築宣言を行っている事業者」において宣言を公表している事業者。（応募締切日前日時点）
②－3：再生事業者
②－4：デジタル技術の活用及びDX推進の取組状況（デジタル枠のみ）
　A．経営の方向性及びデジタル技術等の活用の方向性の決定
　　a．デジタル技術が社会や自社の競争環境にどのような影響を及ぼすかについて認識、その内容について公表
　　b．上記a．を踏まえた経営ビジョンやビジネスモデルを策定・公表
　B．上記A．の経営ビジョンやビジネスモデルを実現するための戦略を公表
　C．上記B．の戦略を推進するための体制・組織（CIO（最高情報責任者）、CISO（最高セキュリティ責任者）の配置、担当 部門の配置等）を示し、公表
　D．「DX推進指標」自己診断フォーマットの定量指標における「人材欄」（688～690行目/Ver.2.3以降の場合はシート「ITシステム構築の取組状況（定量指標）」の11～13行目）を全て記載
　E．申請時点において、「サイバーセキュリティお助け隊サービス」を利用しているか。
②－5：令和4年度に健康経営優良法人に認定された事業者
②－6：技術情報管理認証制度の認証を取得している事業者
②－7：J-Startup、J-Startup地域版に認定された事業者
②－8：「新規輸出1万者支援プログラム」に登録した事業者（グローバル市場開拓枠のうち、海外市場開拓（JAPANブランド）類型のみ）
②－9：取引先の事業者がグリーンに係るパートナーシップ構築宣言をしている事業者（グリーン枠のみ）

③ 災害等加点：「有効な期間の事業継続力強化計画の認定を取得した事業者」

④ 賃上げ加点等：
④－1：事業計画期間（補助事業完了年度の翌年度以降）における給与支給総額と事業場内最低賃金をそれぞれ以下（ア）もしくは（イ）の通りとする計画を有し、事務局に誓約書を提出している事業者
　（ア）給与支給総額 年率平均2％以上増加、あるいは、年率平均3％以上増加
　　　　事業場内最低賃金 毎年3月、地域別最低賃金より＋60円以上の水準
　　　　あるいは
　　　　毎年3月、地域別最低賃金より＋90円以上の水準
　（イ）給与支給総額 年率平均6％以上増加
　　　　事業場内最低賃金 毎年3月、地域別最低賃金より＋30円以上の水準
　　　　かつ
　　　　毎年＋45円以上ずつ増加（初回は応募時を起点とする）
④－2：「被用者保険の適用拡大の対象となる中小企業が制度改革に先立ち任意適用に取り組む場合」

④ 賃上げ加点等：

④－1：事業計画期間（補助事業完了年度の翌年度以降）における給与支給総額と事業場内最低賃金をそれぞれ以下（ア）もしくは（イ）の通りとする計画を有し、事務局に誓約書を提出している事業者に対して加点を行ないます。

（ア）給与支給総額
年率平均2％以上増加、あるいは、年率平均3％以上増加
事業場内最低賃金
毎年3月、地域別最低賃金より＋60円以上の水準、あるいは、毎年3月、地域別最低賃金より＋90円以上の水準

（イ）給与支給総額
年率平均6％以上増加
事業場内最低賃金
毎年3月、地域別最低賃金より＋30円以上の水準、かつ、毎年＋45円以上ずつ増加

④－2：「被用者保険の適用拡大の対象となる中小企業が制度改革に先立ち任意適用に取り組む場合」

ワーク・ライフ・バランス等の推進の取り組み加点：

⑤－1：女性の職業生活における活躍の推進に関する法律（女性活躍推進法）に基づく「えるぼし認定」を受けている事業者、もしくは従業員100人以下の事業者で「女性の活躍推進企業データベース」に女性活躍推進法に基づく一般事業主行動計画を公表している事業者

⑤－2：次世代育成支援対策推進法（次世代法）に基づく「くるみん認定」を受けている事業者、もしくは従業員100人以下の事業者で「両立支援のひろば」に次世代育成支援対策推進法に基づく一般事業主行動計画を公表している事業者

（6）減点項目

① 応募締切日から過去3年間に、類似の補助金の交付決定を1回受けている場合

② 回復型賃上げ・雇用拡大枠において、繰越欠損金によって課税所得が控除されることで申請要件を満たしている場合

✔ チェックポイント！

■ 【革新的サービス】：「生産性向上ガイドライン」をチェック。

■ 【ものづくり技術】：「ものづくり高度化法」「高度化指針」をチェック。

■ 「革新」とは、市場ニーズを捉えた、大局的・主体的な視点による変化のこと。

■ ものづくり補助金の審査基準は公募要領の「審査項目」にあり。

■ 「ものづくり補助金ポイントシート」を使って記載すべき事項を整理。

# D5 「ものづくり補助金」採択申請書分析

　ここからは、実際に採択されたものづくり補助金の申請書についてご紹介しながら、事業計画の書き方について分析していきます。

## （1）ものづくり補助金採択申請書事例

　申請者は、独自の技術開発や様々な企業と連携した技術開発、海外向けの技術輸出、及び技術開発サポート等を行う企業です。中でも画像解析技術を得意とし、その技術を応用したサービス開発の実績があります。このような申請者が着目したのがさらに高度なAIを搭載したカメラ技術です。その技術に必要なICチップを開発するため、【ものづくり技術】の類型で申請を行いました。

株式会社█████████████
『世界トップレベルのＣＭＯＳイメージセンサの開発』

高いフレームレートを維持しながら高ダイナミックレンジを実現する世界トップレベルのＣＭＯＳイメージセンサを開発し、新ビジネスの創出を目指す。

## その１：補助事業の具体的取組内容

### １．１．当社概要

　当社は2014年東京都台東区に設立し、日本国内外の先端技術や基盤技術を結集し、国内のＤＸ化市場や中国をはじめとする海外市場に適した強い製品、魅力的な製品を開発・製造することを目標に、自社技術開発、様々な企業と連携した技術開発、海外向けの技術輸出、及び技術開発サポート等を行っている。

　当社の得意とする技術分野は、システム開発（ロボティクス・ＡＩ）である。当社代表は、東京工業大学で機械制御システムを専攻した工学博士で、卒業後は起業して技術を活かしたソリューションビジネスを展開している。また、████████████████████████████████████████████████████████████████████████████████████████████████████████████████████████████████████。

### １．２．当社のＳＷＯＴ分析

<table>
<tr><td>

**【強み】**
- 技術力（ロボティクス・ＡＩ）
- システム開発
- ビジネスモデルの提案力

</td><td>

**【弱み】**
- 技術が俗人的なノウハウによる
- 対応できる案件数・クライアント数が少ない
- １つのクライアントに対する売上が全社売上に与えるインパクトが大きくリスク分散が弱い

</td></tr>
<tr><td>

**【機会】**
- 様々な領域でのＤＸ化ニーズ
- コロナ禍で非接触、非対面などの新たな仕組みや生活様式が必要とされている／仕組みや生活様式の改変を伴うことへの人々の抵抗感の減少

</td><td>

**【脅威】**
- 市場ニーズの変化、多様化に対応できないリスク
- 競合による新たな技術の登場による陳腐化リスク
- コロナ禍の影響による企業の研究開発抑制傾向

</td></tr>
</table>

　当社の強みは、ロボティクス・ＡＩの分野における技術力の高さである。さらに、自社で専門的な技術を組み込んだシステムの開発を行うことで、顧客のニーズに対するソリューションを提供することが出来る。代表自らが技術者であり経営者であることから、顧客の求める技術のみならずビジネスモデルについてのソリューションを提供できる点は、アカデミアや大手企業の研究開発部門にはない当社の強みである。

　一方当社の弱みは、技術が俗人的なノウハウによる点、このために対応できる案件数・クライアント数が少ない点、これにより１つのクライアントに対する売上が全社売上に与えるインパクトが大きく、リスク分散が弱い点が挙げられる。事業の拡大に伴い、新たな技術者を参画させる

1

ことでこれらの弱みに対応していく予定である。

当社にとっての機会は、様々な領域でのＤＸ化ニーズがあることである。特にコロナ禍の中、非接触、非対面などの新たな仕組みや生活様式が必要とされ、ＤＸ化は加速している。コロナ禍の中で仕組みや生活様式の改変を伴うことへ人々の抵抗感が減少していることもＤＸ化への好材料となっている。

当社にとっての脅威は、対応の許容を超える市場ニーズの変化や多様化、競合による新たな技術の登場等がある。また、コロナ禍の影響として、企業が足元の業績不安から研究開発活動を抑制する傾向がみられる点も脅威となる。

これらのＳＷＯＴ分析より、当社は、新たな技術者を参画させることにより対応できる案件数、クライアント数を増やし、技術的な陳腐化のリスクヘッジも行っていく必要性を理解したうえで、ＤＸ化の機会を捉えて、強みである技術力を発揮してビジネスモデルを含むソリューションを提供していくことで更なる成長を志す。

## １．３．当社の実績

当社の技術開発の実績例として、「Al Parking」がある。「Al Parking」は、これまでコインパーキングで必要とされていたフラップやセンサ、精算機などの駐車場設備を用いずに、各車室の検知・課金はＩＰカメラとエッジＰＣに集約、情報は即座にサーバーに送られリアルタイムで可視化する仕組みである。支払いは現地ＱＲコードからのオンライン決済、キャッシュレス化することで集金業務も必要ない。イニシャルコスト、ランニングコストを大幅削減し駐車場運営効率を飛躍的に高める革新的スマート駐車場システムである。

当社は、「Al Parking」の構想を駐車場業を営む企業へ提案し、開発と導入を請け負った。「Al Parking」は2022年３月にリリースされ、都内各地で導入が進んでいる。「Al Parking」では、当社独自の画像解析技術を活用した車両の特定による管理の仕組みにオンライン決済システムを連携させ、駐車場管理ビジネスのＤＸ化となる新たなソリューションの提供となった。

上記実績の反響は大きく、ＡＩについて相談依頼が来るようになり、その件数は2022年３月リリースから現在までの５か月間で日本企業から10件、中国企業から10件程度ある。███████████████からは技術力と提案力の高さが認められ、ほぼ毎月の頻度でＤＸ化、ＡＩ等についての課題を抱える企業の紹介を頂いている。また、ある企業からは████████████████████というオファーもあった。これらの反響は、当社の技術力の高さと先見性ある提案力の証明である。

●Al Parking～ＡＩ×ＩｏＴ×ＩＰカメラ～
ＡＩカメラによる可視化管理、キャッシュレス決済システム、ディープラーニングによる画像認識技術を統合した駐車場管理システム

## ２．本事業の目的・手段について

### ２．１．本事業の目的

> 高いフレームレートを維持しながら高ダイナミックレンジを実現する世界トップレベルのＣＭＯＳイメージセンサの開発

（１）背景

　現在ドライブレコーダーや自動運転などの車載カメラに使用されているＣＭＯＳイメージセンサ[※1]チップのダイナミックレンジ[※2]には欠点がある。

　トンネルを出るときのホワイトホール効果がある。これは、ホールの入り口にある強い光は、暗い周囲と強いコントラストを形成する現象のことであるが、既存のイメージセンサではホワイトホール効果のために白い部分しか見ることができていない。このため、夜間の対向車など、ライトが明るいと周囲の車の位置を把握することが困難となっている。

　このため、現在のドライブレコーダーや自動運転などの車載カメラに使用されているＣＭＯＳイメージセンサは、特定の使用環境に対応できず、精度や安全性の面で危険が潜んでいると言える。これは公道での自動運転の実現に向けた大きな課題となっており、技術的なソリューションが市場にもたらす影響は大きい。

　本事業では、当社の画像解析技術を活かしてＣＭＯＳイメージセンサのフレームレート[※3]を維持しながら、独自の技術によってダイナミックレンジを改善することで、上記のアプリケーション環境で良好な品質の画像取得の実現を目指す。これは、**ＣＭＯＳイメージセンサという一種のカメラにＡＩ技術を搭載することで、カメラ自体が画像認識やデータ処理を判断、学習するという世界トップレベル[※4]の技術である。**

※１　ＣＭＯＳイメージセンサとは、ＣＭＯＳと呼ばれるＰ型とＮ型のＭＯＳＦＥＴをデジタル回路（論理回路）の論理ゲート等で相補的に利用する回路方式を用いた、半導体チップの集積回路による撮像素子（イメージセンサ）である。

※２　ダイナミックレンジ（dynamic range）とは、処理可能な信号の最大値と最小値の比率を表した数値で、単位はdB（デシベル）で表記される。

※３　フレームレート（Frame rate）とは、動画において、単位時間あたりに処理させるフレームすなわち「コマ」の数（静止画像数）を示す、頻度の数値である。通常、１秒あたりの数値で表し、fps（英:frames per second＝フレーム毎秒）という単位で表す。

※４　**2021年にＣＭＯＳセンサシェア世界一のソニーが発表した試作品（124dB）と同等レベルとなることを根拠に世界トップレベルとした。**

（２）本事業で開発する技術の特徴

　従来のＣＭＯＳイメージセンサのダイナミックレンジは一般的に80dBであるが、上記のアプリケーション環境を満たすには120dBに達する必要がある。120dBというダイナミックレンジは、月明かり程度（0.1lux）から太陽光下（10万lux）まで撮影可能で、実用上、ほとんどすべての暗がりから明るい場所までを撮影できる水準である。

　動画の取得方法は、暗い場所に１フレーム、明るい場所に１フレームずつ交互にピントを合わせて画像を取得するのが一般的であるが、この方法ではフレームレートが倍遅くなる。フレームレートは、１秒あたりに取得される画像の数のパラメーターであり、自動車の運転、特に自動運転などの高速アプリケーション環境では高いフレームレートが要求されるため、この方法では自動運転に対応することは難しい。

　そこで本事業では、独自の超高速回路とＡＩ技術を使用してカメラ範囲内のハイライト部分と

ダーク部分をピクセルレベルで自動的に判断してハイライト部分の短い露光時間とダーク部分の長い露光時間を取得し、さらに、ダーク部分に対してノイズリダクションの効果を得るためにA／D変換処理<sup>※5</sup>を一フレームの時間内に超高速回路で複数回実行することで、高いフレームレートを維持しながら高ダイナミックレンジとなるCMOSイメージセンサの開発を行う。

※5　アナログ―デジタル変換処理。外部から入力されるアナログ信号をデジタル信号に変換すること。

### 2．2．「中小企業の特定ものづくり基盤技術の高度化に関する指針」との関連

（1）機械制御に係る技術

　　本事業は、特定ものづくり基盤技術12分野の中の「機械制御に係る技術」に関連する。本事業は、当該技術の川下製造業者等のうち、自動車等輸送機械分野が抱える特有の課題及びニーズの中で「ウ．制御の自律化・自動化」に取り組むものである。また、高度化目標の中の「ウ．IoT、AI等を活用した機械制御技術の高度化」が目標となる。

（2）先端技術を活用した高度なサービス開発

　　本事業は、指針三の先端技術活用によるサービスの開発となる。先端技術を活用した高度なサービス開発を行うに際の5つのポイントについて、当社では以下の通り検討している。

①　社内の意識改革

　　SWOT分析の結果の通り、当社は、DX化の機会を捉えて、強みである技術力を発揮してビジネスモデルを含むソリューションを提供していくことで更なる成長を志す。

②　組織の改革、推進体制の構築

　　本事業の開発は、後述の通り社内外の開発体制を整えて推進する。フェーズに合わせて技術者、事務対応者を適宜参画させる。

③　実施を阻害する制度・慣習の改革

　　自動運転についての規制は、2020年4月から公道を走行可能になったレベル3の自動車で一定の条件下でシステムから運転の引継ぎを要請されるときなどを除いて、運転者がハンドルから手を離すなどしてシステムに運転操作を任せることが可能となっている。レベル5の公道走行は未だ認められないが、本事業ではそのボトルネックとなっている技術面に資する開発を行い、改革の一歩を踏み出すものである。

④　必要な人材の育成・確保

　　他国と同様に外部からの人材登用等を活用しながら取組を進める「オープン志向」とする。

⑤　先端技術の導入・活用によるビジネスモデルの変革

　　開発工程を機能単位の小さいサイクルで複数回繰り返すアジャイル開発を行う。サービス上市後も、素早く改善を加えてリリースしていく。

### 2．3．本事業の手段

（1）当社の技術

**本事業では、当社独自の超高速回路とＡＩ技術を活用し、高い独創性、新規性がある。**

【超高速回路】　イメージセンサの超高速Ａ／Ｄ変換回路や超高速データ伝送回路などに使用され、画像情報の多重変換を短時間で行うことができる。

【ＡＩ技術】　イメージセンサ内の超高速回路と連携して、シーン内の明るい部分とダーク部分を短時間で自動的に判別し、さらにベクトルアルゴリズムによって次のフレーム画像の明るい部分とダーク部分を予測する。これらの情報を通じて、各ピクセルのダイナミックレンジが自動的に調整され、イメージセンサ全体のダイナミックレンジが改善される。

（２）これまでの当社の取組み

①　課題の着目及び情報収集

　　『官民ＩＴＳ構想・ロードマップ2020（2020年7月15日高度情報通信ネットワーク社会推進戦略本部・官民データ活用推進戦略会議）』によれば、これまで自動車のＩＴ化に関しては、自動車（車両）の内部の機器・システムのＩＴ化が進展するとともに、各種のセンサーが取り付けられ、それらのデータに基づいて自動車内の各種制御が電子的に行われる、いわゆる組込み型のアーキテクチャ※6として進化してきた。その中でもカメラ機能は、車両内システムの最初の認知機能であり、その情報は外界認識や自車位置認識、遠隔制御すべてに必要となる自動運転の根幹となるものである。

※6　特定の機能を実現するために、ハードウェアとソフトウェアを組み込んで作り込むタイプのアーキテクチャ（設計構想）。一般的に、車種間、メーカー間において互換性はない。

　　国土交通省や内閣府ＳＩＰ等による日本における主な自動運転実証実験（2019年度以降）の結果として、車両性能の検証と今後の課題について以下の報告があり、技術面の項目では悪天候時等におけるセンサー機能の不十分さについて指摘されている。

| 目的 | 主な検証内容 | 今後の課題 |
|---|---|---|
| 気候条件による車両性能への影響検証 | ・路面積雪時において、電磁誘導線の読み取りによる円滑な自動運転の確認<br>・濃霧など気象変化時にセンサー性能が低下することの確認 | ・悪天候時等におけるセンサー性能向上に向けた技術開発<br>・磁気マーカーや電磁誘導線等の施設に関する制度や基準等の整備 |

内閣官房情報通信技術（ＩＴ）総合戦略室作成（抜粋）

　　上記のみならず、現在、一般に車両に搭載されているセンサーのレベルでは、例えば障害物が近づくとアラートを発する機能があるが、これは障害物の有無は把握されているが、その障害物が何であるかの判別はされていない。また、自動運転に対応するには処理速度が未だ不十分であると言える。

　　当社は画像解析技術を強みとしており、過去に取り組んだ「Al Parking」で開発したＡＩカメラによる可視化管理とディープラーニングによる画像認識技術を応用することにより、この社会的な課題にソリューションを提供することが出来るのではないかという思いで本事業に挑戦するに至った。

②　チップのシステム設計（要旨）

１．チップ内部が画素レベルで明暗を自動判別

5

２．ＡＩが次のフレームの各ピクセルの明るさを予測し、それをチップにフィードバックし
　て各ピクセルのダイナミックレンジを制御
　３．低スイングで高速、低消費電力のデータ伝送回路
　４．高リニアリティのランプ発生回路の採用により、高速Ａ／Ｄ変換を実現

（３）本事業での設備投資の内容と必要性
　①　本事業での設備投資

| ＩＣチップ（マスター） | |
| --- | --- |

　②　設備投資の必要性
　　　本事業では、設計したシステムのチップでＣＭＯＳイメージセンサの機能が目標値に達す
　　るか実証実験するため、チップの試作が必要である。さらに、そのチップの試作はＣＭＯＳ
　　イメージセンサのシステム提案の際に必須となる。
（４）本事業を行うことによる競争力強化について
　　　本事業で完成したＣＭＯＳセンサは、半導体のオリンピックと称される国際学会
　「International Solid-State Circuits Virtual Conference（ＩＳＳＣＣ）」で発表し、当社の画像
　解析技術の高さを世界的にアピールする予定である。**本事業は、世界トップレベルのＣＭＯＳ**
　**イメージセンサという性能的優位性と国内外のブランド構築が可能となり、当社の競争力は強**
　**化される。**
（５）本事業の目標とその達成手段
　①　ダイナミックレンジ：120dB以上
　　　独自の超高速回路とＡＩ技術を使用して、カメラ範囲内のハイライト部分とダーク部分を
　　ピクセルレベルで自動的に判断し、ハイライト部分の短い露光時間とダーク部分の長い露光
　　時間を取得する。
　②　フレームレート：120fps以上
　　　ダーク部分に対してノイズリダクションの効果を得るために、Ａ／Ｄ変換処理は１フレー
　　ムの時間内に超高速回路で複数回実行する。

6

（6）開発工程

**本事業対象**

phase I ・2022.1.～2022.4 ・チップのシステム設計

phase II ・2022.5～2022.8 ・チップ回路、レイアウト設計

phase III ・2022.12～2023.1 ・チップ試作

phase IV ・2023.1～2023.2 ・試験検証

phase V ・2023.3～2023.6 ・生産開始

【STEP1】シリコンウエハを拡散炉の中に入れてシリコン表面に酸化膜を形成。
【STEP2】酸化膜の上から感光材料（フォトレジスト）を塗布する。回路パターンを描いた透明ガラス板（フォトマスク）を通して照射された紫外線は、回路パターン通りにフォトレジストに当てられる。
【STEP3】フォトマスクの回路パターンを転写されたシリコンウエハは、紫外線を照射していない部分のみフォトレジストが残る。フォトレジストが残っていない部分の酸化膜を削り取り、周りのフォトレジストを洗浄除去。
【STEP4】シリコン露出部分と酸化膜部分でフォトマスクで描いていた通りの回路パターンが完成。
【STEP5】表面処理を行ったあと、上記工程を何度も繰り返すことで基板が完成。

ＣＭＯＳセンサーを搭載したカメラで重要視される項目は❶感度、❷解像度、❸ノイズ。

❶感度：色合いの確認にはマクベスチャートを用いて正しく認識できているか撮影して評価。
❷解像度：解像度チャートを用いて正しく認識できているか撮影して評価。
❸ノイズ：ランダムノイズ成分を評価するには、あらかじめ連続フレーム複数画像の平均ノイズ量を算出したあとに、元々の画像から固定パターンノイズ成分を差し引く。

（7）補助事業実施のための技術的能力、社内外の体制

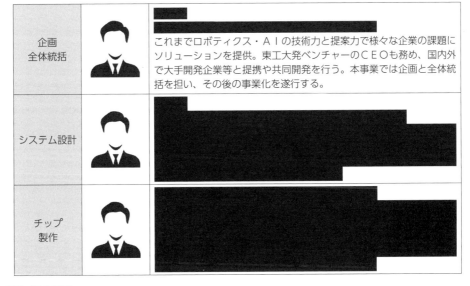

| 企画 全体統括 | | これまでロボティクス・ＡＩの技術力と提案力で様々な企業の課題にソリューションを提供。東工大発ベンチャーのＣＥＯも務め、国内外で大手開発企業等と提携や共同開発を行う。本事業では企画と全体統括を担い、その後の事業化を遂行する。 |
| --- | --- | --- |
| システム設計 | | |
| チップ 製作 | | |

（8）資金計画

　　当社はこれまで無借金経営を行ってきたが、本事業の設備投資資金として████████████から████円の調達を行う予定である。

7

<事業全体に要する経費調達一覧>

| 区　　分 | 事業に要する経費(円) | 資金の調達先 |
|---|---|---|
| 自己資金 | ███████ | |
| 補助金<br>交付申請額 | (C) ███████ | ██████ |
| 借入金 | ████████ | ████████<br>████ |
| その他 | | |
| 合計額 | (A) ██████ | |

<補助金を受けるまでの資金>

| 区　　分 | 事業に要する経費(円) | 資金の調達先 |
|---|---|---|
| 自己資金 | ██████ | |
| 借入金 | ███████ | ████████<br>█████ |
| その他 | | |
| 合計額 | (C) ███████ | |

### その２：将来の展望（事業化に向けて想定している市場及び期待される効果）

**３．事業化に向けて想定している市場について**

**３．１．市場動向**

　半導体市場動向調査会社である仏Yole DéveloppementによるＣＭＯＳイメージセンサ（ＣＩＳ）市場分析2021年版（2020年データ確定版）によると、2020年のＣＭＯＳイメージセンサ市場は、前年比4.7％増の207億ドル規模で、その用途別内訳はスマートフォンに代表されるモバイル向けが68％、次いでコンピュータ向けとセキュリティ（監視カメラ）向けが各８％、自動車向けが７％、コンシューマ向けが４％となっている。また、2020年にもっとも成長率が高かった用途別分野はセキュリティで36％増、医療向けならびに軍事向けは市場規模は小さいものの成長率は30％以上、自動車向けは自動車産業そのものが不振であったため10％増に留まった。

　ＣＭＯＳイメージセンサのサプライヤ別売上高を見ると、トップはソニーで、その市場シェアは40％。２位はSamsung Electronicsの22％、３位にOmniVisionが11％と続く。

　なお、ソニーとSamsungは技術開発面で見ると、両極端の戦略をとっている。Samsungは、画素サイズを小さくし、画素数を増やそうとする方向に向かっているが、ソニーは、画素サイズを大きく保つ代わりに画素数を少なくするといった方向である。もっともソニーも中国市場での画素数競争に対抗することを目的に画素数を多くする方向にシフトしているとも伝えられている。中国の中堅スマートフォンサプライヤに搭載されるＣＭＯＳイメージセンサはこの両社の中間に位置する場合が多いとされている。

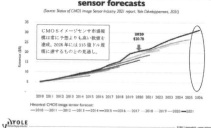

**３．２．想定している具体的なターゲットとニーズ、ソリューション**

　上記の市場分析の通り、ＣＭＯＳセンサは各産業で利用されている。当社のＣＭＯＳセンサはいずれにも対応可能であるものの、まずは自動車向けに展開する方針である。

　大手自動運転システム開発会社には、トヨタ、日産、Waymo、Ford Autonomous Vehicles、GM Cruise、Baidu、Intel-Mobileye、Aptiv-Hyundai、Volkswagen Group、Yandex、Zoox、Daimler-Bosch等があり、これらが本事業成果のターゲットとなる。既にそれぞれ社内又は傘下企業における開発でＣＭＯＳセンサが利用されているが、各社で悪条件においてのＣＭＯＳセン

サの精度や処理速度の課題を抱えており、これを解決する技術のニーズがある。

　これに対するソリューションは2パターンある。一つは、より精度が高く処理速度の速いCMOSセンサを提供する手法であるが、これはソニーが既に取り組んでいる。もう一つは、CMOSセンサが組み込まれているシステム自体の設計を見直す手法である。当社では、これらを組み合わせた「世界トップレベルのCMOSセンサを提供し、さらにその組み込みシステム自体の設計の見直しと改善」というソリューションを提供する。見直しと改善は、設備投資規模・組織規模によるものではなく、技術者個々の能力によるものであるため、ソニーの担当技術者と当社での競争となった際には十分に勝算がある。

## ４．事業化の見込みについて
### ４．１．事業化の時期：2023年6月
### ４．２．事業化のシナリオ
　自動運転システム開発会社へのCMOSセンサの販売は、グループトップの方針によりその傘下のサプライチェーン企業へ販売するという形になる。トヨタ、日産のグループトップの技術部門には東工大同期・OBの技術者が多数おり、今回の開発についても期待を寄せていただき是非試したいという声を頂いている。開発に成功した後に直ちに提案活動を開始して、1年目に両社に対して▇▇▇▇▇▇▇▇▇▇▇▇▇▇程度販売する見込みである。

　CMOSセンサのチップを販売し、機能を試してもらう。その後又は同時進行で、組み込みシステム自体の設計を見直して、チップに別の機能を加えた更に高付加価値のユニット版も販売する。

　自動車向け以外にも、「AI Parking」リリース以降に相談に乗っている約25件の事案に対しても本事業の成果であるCMOSセンサを活用した提案を行っていく予定であり、ユニット版の販売を見込んでいる。

### ４．３．製品価格等
TC2023IMAGESENSOR単価（目安）　▇▇▇円／個　※最小ロット100個
　ユニット版　　▇▇▇円／個～

### ４．４．売上規模
① 　1年目：▇▇▇▇▇▇円
　　　チップ販売：▇▇▇▇▇▇▇▇▇▇▇▇
　　　ユニット版販売：▇▇▇▇▇▇▇▇▇▇▇▇▇▇▇
② 　2年目：▇▇▇▇円
　　　チップ販売：▇▇▇▇▇▇▇▇▇▇▇
　　　ユニット版販売：▇▇▇▇▇▇▇▇▇▇▇▇▇▇▇▇▇
③ 　3年目：▇▇▇▇円
　　　チップ販売：▇▇▇▇▇▇▇▇▇▇
　　　ユニット版販売：▇▇▇▇▇▇▇▇▇▇▇▇▇▇▇▇▇

### ４．５．事業化後の更なる展開
　本事業の成果であるCMOSセンサは、PCに例えるならば「最高スペックのPC本体（ハード）」である。事業化の勝負は、そこにいかに「役立つソフト」を付加していくかである。当社

は、各企業の開発課題を改善するユニット（ソフト）を、時には企業や市場が想像もしていなかった次元・方法で提供し続けていく。その際のポリシーとして利用者のコスト最小化を目指すこととし、CMOSセンサを多量に使用する方法での提案は行わない[7]。この成果がトヨタや日産において評価されれば、技術及び価格優位性により既存のソニー製品の置き換えが実現する。当社の技術力と提案力はその射程圏内であると考えている。███████████████の売上となる。

さらに、自動車産業以外にもドローン、画像検査装置などの産業機器、その他さまざまなIoT（モノのインターネット）機器にも搭載されることにより、国内外にCMOSセンサのサプライを拡大していく。

※7　ソニーによるCMOSセンサを多量に使用するソリューションに対抗するものである。

### その3：会社全体の事業計画

1年後（R5.5期）に本事業を実施し、2年後（R6.5期）から本事業の成果の売上が発生する計画である。前述の通り、事業化後の1年目（R6.5期）████個、2年目（R7.5期）████個、3年目（R8.5期）████個の販売計画である。事業拡大に応じてR7.5期に新規2名、R8.5期に更に3名の採用を行う。補助事業の設備投資は、耐用年数5年定率法で償却を行う。

設備投資████████████████████████に対し、4年後の付加価値額は██████████となる。

（単位：円）

| | 基準年度※<br>[R4年5月期] | 1年後<br>[R5年5月期] | 2年後<br>[R6年5月期] | 3年後<br>[R7年5月期] | 4年後<br>[R8年5月期] |
|---|---|---|---|---|---|
| ①売　上　高 | ██████ | ██████ | ██████ | ██████ | ██████ |
| ②営　業　利　益 | -██████ | ██████ | ██████ | ██████ | ██████ |
| ③経　常　利　益 | ██████ | ██████ | ██████ | ██████ | ██████ |
| ④人　件　費 | ██████ | ██████ | ██████ | ██████ | ██████ |
| ⑤減価償却費 | ███ | ███ | ███ | ███ | ███ |
| 付加価値額（②+④+⑤） | ██████ | ██████ | ██████ | ██████ | ██████ |
| 伸び率（％） | | ███ | ███ | ███ | ███ |
| ⑥設　備　投　資　額 | █ | ██████ | | | |
| ⑦給　与　支　給　総　額 | ██████ | ██████ | ██████ | ██████ | ██████ |
| 伸　　び　　率（％） | | ███ | ███ | ███ | ███ |

以上

## （2）章立て

　本事例では、その1、その2、その3で求められる記載内容に沿って以下のように章立てを行い、事業計画をまとめています。

| その1：補助事業の具体的取組内容 |
| --- |

1．1．当社概要

1．2．当社のSWOT分析

1．3．当社の実績


2．本事業の目的・手段について

2．1．本事業の目的

（1）背景

（2）本事業で開発する技術の特徴

2．2．「中小企業の特定ものづくり基盤技術の高度化に関する指針」との関連

（1）機械制御に係る技術

（2）先端技術を活用した高度なサービス開発

　① 社内の意識改革

　② 組織の改革、推進体制の構築

　③ 実施を阻害する制度・慣習の改革

　④ 必要な人材の育成・確保

　⑤ 先端技術の導入・活用によるビジネスモデルの変革

2．3．本事業の手段

（1）当社の技術

（2）これまでの当社の取組み

　① 課題の着目及び情報収集

　② チップのシステム設計（要旨）

（3）本事業での設備投資の内容と必要性

　① 本事業での設備投資

　② 設備投資の必要性

（4）本事業を行うことによる競争力強化について

（5）本事業の目標とその達成手段

　① ダイナミックレンジ：120dB以上

　② フレームレート：120fps以上

（6）開発工程

| |
|---|
| （7）補助事業実施のための技術的能力、社内外の体制 |
| （8）資金計画 |
| その2：将来の展望（事業化に向けて想定している市場及び期待される効果） |
| 3．事業化に向けて想定している市場について |
| 3．1．市場動向 |
| 3．2．想定している具体的なターゲットとニーズ、ソリューション |
| |
| 4．事業化の見込みについて |
| 4．1．事業化の時期 |
| 4．2．事業化のシナリオ |
| 4．3．製品価格等 |
| 4．4．売上規模 |
| 4．5．事業化後の更なる展開 |
| その3：会社全体の事業計画 |
| |

　その1には補助事業の具体的取組内容を記載します。平たくいえば、「補助金で何を買って何をするか」ということですが、その前後に「誰が」「何のために」を加えることで全体が1つのストーリーとして伝わりやすくなります。

　そこでまず当社概要として、申請者の事業沿革、保有する技術やこれまでの実績を紹介します。そのような技術レベルの申請者が着目する現在の技術の課題を背景に、これから取り組みたい開発内容を述べ、ものづくり高度化指針との関連で指摘されている視点からも考察を行います。

　そしていよいよ補助事業の具体的取組内容を記載するわけですが、ここでもストーリーを意識して、これまでの取組み→これから必要な開発→具体的な開発のゴールの順に記載します。開発の実現可能性を示すために、開発体制や資金計画も示します。

　その2には将来の展望（事業化に向けて想定している市場及び期待される効果）を記載します。開発したものをどのように販売していくのか、その道筋が大切です。この計画書では、想定しているターゲットのニーズを分析し、そこに申請者がどのようなソリューションを提供することができるか、それをどのように周知していくかということを記載しています。

　最後に会社全体の事業計画を記載しています。その1、その2に比べて、分量は少ないですが表で示す数値計画のみだけではなく、各年の売上高の根拠や、減価償却の方針等について文章で説明を行っています。

## （3） 審査基準への対応

| 審査基準 | 審査基準への対応 |
|---|---|
| **（1） 事業化面** | |
| ①補助事業実施のための社内外の体制（人材、事務処理能力、専門的知見等）や最近の財務状況等から、補助事業を適切に遂行できると期待できるか。金融機関等からの十分な資金の調達が見込まれるか。 | P1〜2　当社概要、当社の実績<br>P7　補助事業実施のための技術的能力、社内外の体制<br>P7　資金計画 |
| ②事業化に向けて、市場ニーズを考慮するとともに、補助事業の成果の事業化が寄与するユーザー、マーケット及び市場規模が明確か。クラウドファンディング等を活用し、市場ニーズの有無を検証できているか。 | P8　市場動向<br>P8　想定している具体的なターゲットとニーズ、ソリューション |
| ③補助事業の成果が価格的・性能的に優位性や収益性を有し、かつ、事業化に至るまでの遂行方法及びスケジュールが妥当か。 | P6　本事業を行うことによる競争力強化について<br>P9　事業化のシナリオ |
| ④補助事業として費用対効果（補助金の投入額に対して想定される売上・収益の規模、その実現性等）が高いか。 | P9　売上規模<br>P10　会社全体の事業計画<br>P9　事業化後の更なる展開 |
| **（2） 政策面** | |
| ①地域の特性を活かして高い付加価値を創出し、地域の事業者等や雇用に対する経済的波及効果を及ぼすことにより地域の経済成長（大規模災害からの復興等を含む）を牽引する事業となることが期待できる（地域未来牽引企業に選定されている、又は、地域未来投資促進法に基づく地域経済牽引事業計画の承認を受けているか。 | 該当なし |
| ②ニッチ分野において、適切なマーケティング、独自性の高い製品・サービス開発、厳格な品質管理などにより差別化を行い、グローバル市場でもトップの地位を築く潜在性を有しているか。 | 該当なし |
| ③異なるサービスを提供する事業者が共通のプラットフォームを構築してサービスを提供するような場合など、単独では解決が難しい課題について複数の事業者が連携して取組むことにより、高い生産性向上が期待できるか。異なる強みを持つ複数の企業等（大学等を含む）が共同体を構成して製品開発を行うなど、経済的波及効果が期待できるか。また、事業承継を契機として新しい取組を行うなど経営資源の有効活用が期待できる（アトツギ甲子園のピッチ大会出場）か。 | 該当なし |
| ④先端的なデジタル技術の活用、低炭素技術の活用、環境に配慮した事業の実施、経済社会にとって特に重要な技術の活用、新しいビジネスモデルの構築等を通じて、我が国のイノベーションを牽引し得るか。 | P3　本事業の目的 |
| ⑤ ウィズコロナ・ポストコロナに向けた経済構造の転換、事業環境の変化に対応する投資内容であるか。また、成長と分配の好循環を実現させるために、有効な投資内容となっているか。 | P1　当社のSWOT分析の【機会】 |

## （4）その他の工夫

### ①写真、イラスト、図表の使用

　会社の実績、開発するICチップの回路などについてイラストを用いて具体的に説明しています。P1のSWOT分析、P3〜4の本事業で開発する技術の特徴、P7の開発工程や社内外の体制は、文章での説明も可能ですが、図表にによる説明とすることで視覚的に内容が伝わりやすくなるように工夫されています。

### ②文章の協調

　P3の申請者の持つ世界トップレベルの技術レベルの説明や、P6の本事業の開発ゴール、P9開発成功後に申請者が提供するソリューションなど、この事業計画で重要な情報となるところは、太線と下線を組み合わせて強調されています。

### ③注釈の使用

　特に【ものづくり技術】で申請を行うときには専門用語を使用する必要が生じることがあります。必ずしも審査委員がその分野に明るいわけではありませんので、専門用語には注釈をつけ、内容を理解してもらう工夫が大切です。

## ✔ チェックポイント！

- ■ ものづくり補助金の審査基準それぞれに対応する記載あり。
- ■ 写真、イラスト、図表を使用することでイメージを喚起。
- ■ 重要な開発成果の箇所を点線で囲んで、強調。
- ■ 市場分析と整合的な事業化見込みの試算。

# E

# アフターフォロー

申請後対応と他業務への応用を考える

# 採択後の手続きと支援業務

　ここで、補助金に関する一連のスケジュールと支援業務フローについておさらいします。以下のとおり、創業補助金であれば申請から補助金の受取りまでが約1年かかる長い道のりでした。

　採択後のスケジュールについてみてみますと、交付申請、補助事業期間、完了報告、確定検査、補助金支払いという流れになります。採択後の補助金手続きに関する支援業務例としては交付申請、完了報告や収益状況報告等の手続きに関する支援業務があります。また、補助金申請手続き以外に関する支援業務例としては、補助事業期間中の経理処理等の助言や補助事業期間中及びその後の事業遂行上のフォローアップ等があります。なお、認定支援機関を含む申請者でない者がGビズIDを使用して申請を行ったり、事務局との窓口担当者となることはできません。申請者自身が行う申請手続きのフォローとして、申請する内容の相談、スケジュール管理、情報整理等を実施することは可能であると考えられます。

●スケジュール例

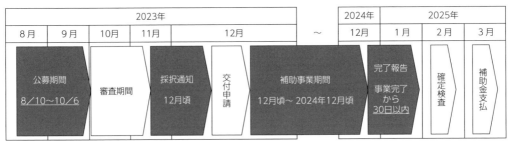

※下線：公募要領に記載されている日付

補助金支援業務フロー

| | | | 時間 | 備考 |
|---|---|---|---|---|
| 0 | 事前準備 | | | |
| | ①認定支援機関登録 | | | |
| | | 認定支援機関の登録 | | 約1か月程度 |
| | ②情報収集 | | | |
| | | 補助金のルール、留意点を理解する | | |
| | | 最新の補助金情報を入手する | | |
| 1 | 事業計画の策定支援 | | 21〜31 | |
| | ①情報提供 | | 2 | |
| | | 補助金の情報を提供して、申請の機会を創出する | | |
| | | 補助金のルール、留意点を申請者に理解させる | | |

| | | | | |
|---|---|---|---|---|
| | ②事業計画策定 | | 5 | 申請者との面談2回と仮定 |
| | | 全体構想の整理 | | |
| | | 具体的な事業内容の整理 | | |
| | | 数値計画の策定 | | |
| | | 応募要件との整合性等の確認 | | |
| | ③確認書の作成 | | 1 | |
| | | 確認書に記載する支援内容の決定 | | |
| | ④申請書の作成 | | 10～20 | |
| | | 選考ポイントの整理 | | |
| | | 申請書の作成／レビュー | | |
| | | 添付書類の確認 | | |
| | ⑤申請手続き | | 3 | |
| | | 必要書類のセッティング | | |
| | | 電子申請のフォロー | | |
| 2 | 補助事業期間中の支援 | | 5 | |
| | ①経理処理等の助言 | | 3 | |
| | | 費目、計上基準、範囲、期間、支払方法の確認 | | |
| | | 必要書類の整理指導 | | |
| | | 固定資産台帳の作成 | | |
| | ②補助金手続きの対応 | | 2 | |
| | | 交付申請手続きのフォロー | | |
| | | 計画変更承認手続きのフォロー | 未定 | 変更がある場合のみ |
| 3 | 補助事業終了後のフォローアップ | | 40 | |
| | ①補助金手続きの対応 | | 40 | |
| | | 完了報告手続きのフォロー | 15 | 15時間と仮定 |
| | | 処分制限財産の管理のフォロー | 未定 | 処分がある場合のみ |
| | | 収益状況報告（5年間）のフォロー | 25 | 5時間×5回＝25時間と仮定 |
| 合計 | | | 64 | |

## （1）交付申請手続きのフォロー

| 支援対象手続き | 交付申請 |
|---|---|
| 期限 | 期限はないが、早い方が望ましい |
| 作業内容（例） | 交付申請書等の作成 |
| 作業時間（例） | 2時間 |

　採択後、交付申請書等を提出する手続きです。交付申請書等は、ほとんどが申請時の資料の内容と同じですので、特別な事情のない限り大変簡単な書類で、支援工程例では2時間の作業と見積もっています。交付申請が受理されると、交付が決定し、交付決定通知書を受け取ります。交付申請手続きには期限はありませんが、交付申請手続きが完了した交付決定日以降の取引が補助対象となりますので、早く対応すればするほど申請者にとっては有利になります。

## （２）完了報告手続きのフォロー

| | |
|---|---|
| 支援対象手続き | 完了報告 |
| 期限 | 補助事業完了後30日以内 |
| 作業内容（例） | （補助事業期間中）<br>・費目別の確認書類を入手<br>・確認、ファイリング<br>（補助事業期間後）<br>・事業実績報告書、事業実施概要報告書等の作成 |
| 作業時間（例） | 15時間 |

　補助事業の完了後30日以内に実績報告書及び各経費の資料を提出し、実施した事業内容の検査と経費内容の確認が行われます。揃えるべき資料は規定が細かく煩雑なため、支援工程例では15時間の作業と見積もっていますが、もっと多くの時間がかかることも十分考えられます。

　一例を挙げますと、設備を取得した場合、１つの設備ごとに以下の書類が必要となり、すべてが揃うまで確定検査は完了せず、補助金を受け取ることができません。

（設備を取得した場合に完了報告で必要となる書類）
　・見積依頼書またはカタログ
　・見積書
　・相見積りまたは選定理由書
　・契約書または発注書（控）
　・納品書
　・検収記録（サインまたは押印）
　・請求書
　・設備の写真
　・設備へのシールの貼付
　・取得財産等管理明細表の記録
　・振込金受領書
　・通帳コピー

> 相見積りがない場合には、選定理由書を作成する必要があります

> 補助対象となった設備には、その旨を記載したシールを貼付し、その写真を提出します

　完了報告手続業務を引き受けた場合、まずは取引の当事者である会社自身に、必要な資料を取引の都度入手していただく必要があります。会計事務所ではその確認をできる

だけタイムリーに行い、不足や不備がある場合にはすぐに対応してもらいます。取引からの時間が経過すればするほど、外部からの書類の入手が困難になることもありますし、後でまとめて作業しようとすると作業が膨大で期限内に手続きができない事態になりかねません。

## （3）収益状況報告手続きのフォロー

| 支援対象手続き | 収益状況報告 |
|---|---|
| 期限 | 決算日から3か月以内<br>※補助事業完了後5年間 |
| 作業内容（例） | 事業化等状況報告書等の作成 |
| 作業時間（例） | 5時間／回　×5回 |

　補助事業後5年間、決算日から3か月以内に補助事業に対する収益状況を示す事業化等状況報告書等を提出します。内容は事業化及び収益状況の概要についての説明、決算書をベースとした実績報告、及び収益納付の計算です。あくまで補助対象事業についての報告ですので、会社または個人が他の事業も同時に行っている場合には、他の事業の分と区別する作業が必要になります。（決算書や税務申告書に馴染みのある我々にとっては）さほど複雑な書類ではないため、支援工程例では1回あたり5時間の作業と見積もっています。

　なお、この報告書類の計算において一定以上の収益が認められた場合には補助金を返還することになります。申請者にとって大変重要な計算になりますので慎重に確認をしてください。

## （4）補助金手続き以外の支援業務

　国の補助金制度で想定されている認定支援機関の役割は、単に申請書の作成を代行することではなく、実際の補助事業ができるだけ計画どおりに遂行されることやその後の各種手続きが滞りなく行われること、そして補助事業による投資後の収益化までの道筋を伴走し続けることにあります。認定支援機関である会計事務所においては、補助金手続き以外に次のような支援が考えられます。

≪補助金手続き以外の支援業務例≫

- ・経理処理等の助言
- ・月次損益の把握、分析
- ・月次資金繰りの把握、分析
- ・税務相談
- ・経営相談

　ちなみに、認定支援機関である金融機関においては、補助金の申請支援から始まって、補助事業期間中及びその後の事業遂行上のフォローアップとして資金支援、すなわち融資の実行を実施している例が多くみられます。

　結局のところ、フォローアップ業務はそれぞれの認定支援機関の専門業務であり、会計事務所にとってみれば通常の税務顧問業務ということになります。

　このように、申請手続き支援だけで終わらせずに、その後の長いおつき合いのきっかけにするという視点で捉えると、補助金支援業務の新たな魅力を感じていただけるのではないでしょうか。

　なお、国が想定する認定支援機関による事業遂行、補助金手続きのフォローアップまでの支援はあくまで努力目標であり、補助金申請の要件になっているわけでも、途中で支援をやめることに対する罰則規定があるわけでもありません。申請者が認定支援機関にいつまでどのような支援を依頼するか、それを認定支援機関が引き受けるかは、あくまで民間の自由な取引です。

## ✔チェックポイント!

- ■ 採択後の手続きは、交付申請、完了報告、補助金受領、収益状況報告。
- ■ 完了報告の支援では、特に作業の見積りを慎重に行う必要あり。
- ■ 収益状況報告の支援では、支援完了までに5年かかる点に注意。
- ■ 補助金制度上、認定支援機関にはフォローアップが期待されている。
- ■ フォローアップの内容として税務顧問業務の提供の可能性あり。

# E₂ 採択後の税務上の取扱い

受領した補助金に対する課税……我々は当たり前のこととして理解できますが、補助金を受け取った経営者には違和感があるようです。「交付額が課税されて目減りしてしまうならば、公募要領に記載されていた経費負担率は間違いではないか！」「自己資金と合わせてすべて投資済みなのに、納税資金が残っているはずがないではないか！」「国税からなる補助金を受け取って、国税・地方税を払うとは！？」等々、とにかく納得がいかないのです。受領した補助金が課税対象となることは、申請前、採択時、補助金受領時等、折に触れて経営者に説明をしておくことが大切です。

## （1）法人の場合

> 　法人の場合は、受領した補助金は「確定通知」のあった日の属する事業年度の益金の額に算入されます。ただし、固定資産の取得または改良に充てた部分については圧縮記帳処理を行うことができます。

### ■補助金の益金処理

　法人が補助金を受領することは法人税法第22条第2項の「無償による資産の譲受け」に該当し、益金となります。

### ■益金計上の時期

　益金計上の時期については、権利確定主義の考え方に基づき、収入すべき権利が確定したときの属する事業年度となりますが、補助金の権利はどの段階で確定するのかが問題となります。

　補助金の制度上、採択決定や交付決定はまだ受領の可能性があるという段階にすぎず、実際の事業遂行及び適切な報告等を経た後に補助金を受領することになります。さらに、補助金受領後の5年間は、受領済みの補助金の一部または全部を返還する可能性があり、最終的に補助金の受領が確定するのは補助金受領の5年後であるとも考えられます。

　補助金の確定に関しては、法人税基本通達10-2-1において、補助金受領後の返還の可能性が残っているとしても、このことは補助金が確定したかどうかには関係ないものとして取り扱う旨が定められています。さらに同通達注書において「（適正化法第15

条の）規定により交付すべき補助金等の額が確定し、その旨の通知を受けた国庫補助金等は、返還を要しないことが確定した国庫補助金等に該当する。」とされています。

　創業補助金、ものづくり補助金等の国庫補助金等は適正化法の適用を受け、適正化法第15条による通知とは完了報告後に事務局から受け取る「確定通知」を意味します。

　したがって、税務上は「確定通知」のあった日に補助金は返還を要しないことが確定して、その日の属する事業年度に益金の額に算入することとなると考えられます。

### ■法人税基本通達２－１－42との関係

　同通達は、法令に基づき交付を受ける給付金等の帰属の時期について、給付金等の種類を２つに分類したうえで、それぞれの場合の益金算入時期について規定しています。①休業手当、賃金、職業訓練費等の経費を補填するために雇用保険法、労働施策の総合的な推進並びに労働者の雇用の安定及び職業生活の充実等に関する法律、障害者の雇用の促進等に関する法律等の法令の規定等に基づき交付を受ける給付金等

　➡その給付の原因となった休業、就業、職業訓練等の事実があった日の属する事業年度終了の日においてその交付を受けるべき金額が具体的に確定していない場合であっても、その金額を見積もり、当該事業年度の益金の額に算入します

②定年の延長、高齢者及び身体障害者の雇用の改善を図ったこと等によりこれらの法令の規定等に基づき交付を受ける奨励金等

　➡その支給決定があった日の属する事業年度の益金の額に算入します

　事業再構築補助金、ものづくり補助金等の国庫補助金等は、法令に基づき交付が行われるものではないため、ここで整理されている①②のいずれにも当てはまらないものと考えられます。

### ■圧縮記帳

　事業再構築補助金、ものづくり補助金等の補助金は法人税法第42条の国庫補助金等に該当し、受領した補助金のうち固定資産の取得または改良に充てた部分については、圧縮記帳処理が可能です（ここでは圧縮記帳の手続きについての解説は省略します）。

　さて、ものづくり補助金は、下記のとおり国は全国中小企業団体中央会（以下、「全国中央会」という）に補助金を交付し、全国中央会から補助対象事業者に補助金が交付されるという事業スキームとなっています。

　法人税法第42条の国庫補助金等とは、国または地方公共団体から交付を受ける補助金または給付金等のことを指しますので、全国中央会から交付される補助金は国庫補助金等に該当しないことになるのでしょうか。

この点、全国中央会より、ものづくり補助金は国庫補助金等に該当し、このうち固定資産の取得に充てるための補助金については圧縮記帳が認められる旨が公表[1]されています。

　なお、事業再構築補助金についても同様に補助対象事業者は国から補助金を直接交付されませんが、圧縮記帳は認められます。

●ものづくり補助金の事業スキーム

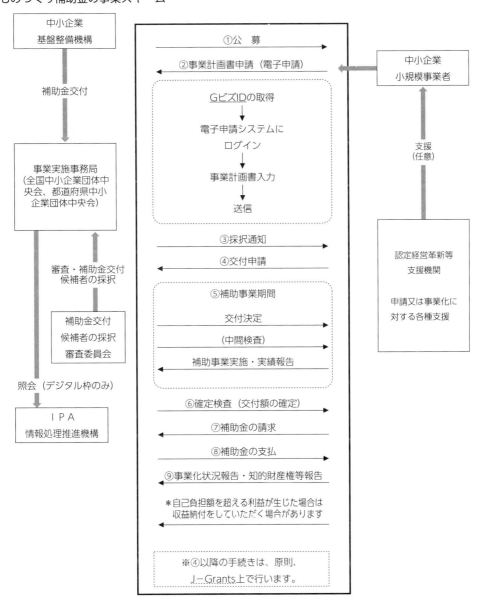

（「ものづくり補助金公募要領」（16次締切分）３．事業のスキームより）

1 「ものづくり・商業・サービス生産性向上促進補助金」における圧縮記帳等の適用について
https://portal.monodukuri-hojo.jp/common/bunsho/「ものづくり・商業・サービス生産性向上促進補助金」における圧縮記帳等の適用について_20230405.pdf

## （2）個人の場合

> 　個人の場合は、受領した補助金はその年の所得の計算上、事業所得の収入金額とします。ただし、固定資産の取得または改良に充てた部分については、圧縮記帳と同効果の処理（総収入金額に算入しない＋所得計算の調整）をすることができます。

### ■事業所得か一時所得か

　補助金収入は、事業から生ずる所得として事業所得とするべきでしょうか、それとも役務または資産の譲渡の対価としての性質を有しないものとして一時所得とするべきでしょうか。

　その補助金が事業所得や不動産所得等を生ずべき業務の用に供するための資産の購入のためのものであるときは、事業所得又は不動産所得等の収入金額になります。

　事業再構築補助金、ものづくり補助金等の国庫補助金等についても、業務の用に供するための資産の購入や経費の支出の助成であることから、事業所得の収入金額とするべきであると考えられます。

### ■固定資産の取得または改良に充てた部分

　所得税法第42条及び第43条のとおり、国庫補助金等の交付を受けてその補助金をもってその交付の目的に適合した固定資産の取得または改良に充てた部分については、総収入金額に算入しません。また、本規定の適用を受けた固定資産の減価償却や譲渡時の事業所得、譲渡所得等の計算では一定の調整が必要となります。これについての具体的な計算は、所得税法施行令第91条で規定されています。これら一連の処理を行うことで、個人においても、法人が圧縮記帳を行うのと同じ課税の繰延べの効果を得ることができます。

　ところで、補助金の事業スキームにおいては固定資産の取得または改良の後に国庫補助金等の交付を受けますが、所得税法第42条第1項の規定は国庫補助金等の交付を受けてから固定資産の取得または改良する場合を想定しているため、文理上、同条のケースに該当しないことになってしまいます。

　この点、『所得税法第42条が、国庫補助金等の交付を受けた時点で課税利益が生ずるものとした場合に、その国庫補助金等によって取得又は改良を予定された資産の取得資金が税額分不足することを回避するための調整を行う趣旨の規定であることからすれば、本件補助金も同条の適用を受けることができるものと考え』られる（国税庁 事前照会に対する文書回答事例「個人事業者が、固定資産を取得した後で国庫補助金等の交

付を受ける場合の課税上の取扱いについて」より）ため、事業再構築補助金、ものづくり補助金等の国庫補助金においても同条の規定の適用が可能であると考えられます。

### ■所得税基本通達34−１との関係

同通達では、一時所得が例示されていますが、この中に「法第42条第１項《国庫補助金等の総収入金額不算入》又は第43条第１項《条件付国庫補助金等の総収入金額不算入》に規定する国庫補助金等のうちこれらの規定の適用を受けないもの」が挙げられています。

これは、一時所得に該当する補助金について、所得税法第42条または第43条の規定を受けると一時所得に算入されなくなるが、所得税法第42条または第43条の規定を受けないのであれば一時所得であるといっているにすぎないものです。そして、一時所得とは、利子所得、配当所得、不動産所得、事業所得、給与所得、退職所得、山林所得及び譲渡所得以外の所得に該当することが要件となっているため、この通達を根拠に事業再構築補助金、ものづくり補助金等の国庫補助金等の固定資産関連部分のみを一時所得とすることはできないものと考えられます。

### ■総収入金額に算入しない規定の適用を受ける場合の手続き

所得税法第42条または第43条の補助金収入を総収入金額に算入しない規定の適用には、確定通知のあった日の属する年の確定申告で「国庫補助金等の総収入金額不算入に関する明細書」を添付します。

## （３）特定非営利活動法人の場合

> 特定非営利活動法人の場合は、固定資産の取得または改良に充てるための部分については収益事業の益金の額に算入せず、経費を補填するための部分については収益事業にかかる益金の額に算入します。

### ■固定資産の取得または改良に充てるための部分

特定非営利活動法人の場合は、固定資産の取得または改良に充てるために交付を受ける補助金等の額は、たとえ当該固定資産が収益事業の用に供されるものである場合であっても、収益事業にかかる益金の額に算入しません。この場合であっても、当該固定資産にかかる償却限度額または譲渡損益等の計算の基礎となる取得価額は、実際の取得価額をそのまま用いることができます。

つまり、固定資産の取得または改良に充てた補助金については、一般の法人及び個人

事業主が圧縮記帳処理で課税を繰り延べられるだけであるのに対して、特定非営利活動法人では完全な免税という取扱いとなります。

■経費を補塡するための部分

収益事業にかかる収入または経費を補塡するために交付を受ける補助金等の額は、収益事業にかかる益金の額に算入します。

## （4）消費税

法人・個人のいずれの場合も、交付された補助金は資産の譲渡等の対価に該当しないため、消費税は課税されません。

## ✔ チェックポイント！

- ☐ 補助金への課税については、申請前や採択時等、折に触れてクライアントに注意喚起。

- ☐ 法人の場合、受領した補助金は「確定通知」のあった日の属する事業年度の益金。

- ☐ 個人の場合、受領した補助金はその年の事業所得。

- ☐ 法人も個人も、固定資産の取得または改良に充てた部分について課税の繰延処理が可能。

- ☐ 特定非営利活動法人が固定資産の取得または改良に充てた部分については免税。

# E3 不採択の場合のアクション

「A　制度を知る」でみたように、事業再構築補助金（通常枠）の直近の採択率が41.1%、ものづくり補助金の平均採択率が44.0%、同補助金の直近の令和元年度・令和2年度補正予算における採択率が49.8%、小規模事業者持続化補助金の平均採択率（令和3年度補正予算）が60.8%という事実があります。

つまり、どんなに一生懸命に取り組んでも、不採択という結果があり得るのがこの補助金申請支援業務です。ですから、この業務に取り組む場合には、当初から、不採択だった場合の次の一手を考えておくことが大切です。申請者にとっても、申請準備に着手する前に補助金の不採択の可能性について伝え、不採択であった場合の選択肢を一緒に検討しておくことで、速やかに次の行動へと気持ちを切り替えることができるようになるでしょう。

## （1）不採択の場合のアクションパターン

不採択の結果が出た時点で、補助金申請支援業務は終了します。その後のアクションとしては、申請者に対して何らかのフォローアクションを起こすのか否か、起こすのであれば原因分析を行ったうえで申請者と話し合い、補助金に再チャレンジするのか否か、チャレンジするならばどの補助金にするのか、あるいは補助金は諦めて金融機関からの融資等の準備を進めるのか、というパターンが考えられます。

●不採択の場合のアクションパターン

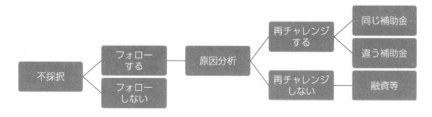

## （2）申請者フォローの必要性

申請者に対するフォローは必ず行っていただきたいと思います。

不採択となった申請者は期待していた資金調達手段を失ったわけですから、そこには追加的な資金調達支援というニーズが存在します。適切に申請者をフォローすることで、さらにそこから新たな業務につなげることができます。逆に適切なフォローができ

ていない場合には、申請者とのこれまでの信頼関係が壊れ、クレームにつながる可能性もありますので注意が必要です。

≪適切なフォローのために重要なこと≫

- ・採択結果について迅速に情報収集を行うこと
- ・不採択であっても申請者に何らかの納得感を得てもらうこと
- ・信頼関係を築くこと

## ■迅速な情報収集

　採択通知または不採択通知は、申請者の手元に届くものですが、その前にインターネット上で採択者リストの公表があり、これは誰でも閲覧ができます。そこで、できるだけ早く採択者リストを確認して、申請者の名前がなければすぐに原因分析を行います。なぜなら、例えば申請者から不採択の電話連絡がきた時点で初めてその事実を知ることになった場合、その電話口で原因についての意見を求められてもすぐに対応ができないからです。

## ■申請者の納得感

　不採択であったことで、準備に費やしたすべての努力が水の泡と感じられてしまうことは申請者にとって大変なストレスになります。不採択になった場合でも、何か得るものがあったと感じていただきたいものです。

（納得感の理由例）
- ・事業計画の策定を通じて、これから取り組むべき課題がみえた
- ・完成した事業計画をその他の補助金申請に活用できる
- ・完成した事業計画を金融機関の融資申請に活用できる

## ■信頼関係を築くために

　力を合わせて申請書の作成をした仲でも、不採択となると気まずい空気になってしまうものです。支援業務に不足があったのではないかという申し訳ない気持ちになってしまったり、特に着手金のある契約の場合にはクレームがくるのではないかという不安な気持ちにもなってしまうかもしれません。一方、申請者の側も、期待していた補助金が獲得できずに大変残念に感じ、また、諸々進めかけていた事案等を今後どう対応すべきか困惑している状況となっています。

　このような状況では、こちらがリードして、現在の申請者に必要なことは何かを検討

し、次のアクションに向けた前向きな話合いができるようにすることが大切です。申請者が感情的になっているときこそ、冷静に事業計画遂行のための次の選択肢を練ってくれる存在が頼もしく感じられ、信頼関係の構築に寄与することでしょう。

## （3）原因分析

　フォローアクションのために行うべきことは、不採択になった原因分析です。しかし個別の不採択原因は一切開示されませんので、実際の原因はわかりません。

　ではなぜ原因分析が必要かというと、申請者との間でトラブルやクレームが起こることを防ぐため、"また、何に起因して不採択になったのか"という結論を自分の中で持っておくためです。そして分析した原因に応じた次のアクションを考えること、その後の申請支援業務を行う際に同じ失敗を繰り返さないために軌道修正すべき点を学ぶことも、原因分析が必要な理由です。

### ■原因分析の目的

・申請者との間でトラブルやクレームが起こることを防ぐため
・分析した原因に応じた次のアクションを考えるため
・その後の申請支援業務を行う際に軌道修正すべき点として学ぶため

### ■不採択原因の例

（申請者に起因する場合）
・相談に来たのが締切間近で、申請までの準備時間が足りなかったが、申請者の希望により申請を行った
・申請する事業内容が補助金の趣旨に合致していない可能性があり、その点を指摘したが、申請者の希望により申請を行った
・経営者に当事者意識が薄く、採択レベルに必要であると考えられる資料・データ等について十分な提供を受けることができなかった

（支援者に起因する場合）
・申請書の記載内容や添付書類に誤りがあった
・申請書に記載すべき審査基準に関する記述等の欠落があった
・認定支援機関の確認書に代表印を押し忘れていた等の不備があった

（誰にも起因せず、補助金制度上の原因がある場合）
・採択率が低かった＝難易度が高かった

・加点要因のない状況での申請であった
・補助金制度において想定しているビジネスモデルと実際に取り組もうとしているビジネスモデルとの間に溝があった＝補助対象事業の不一致
・補助対象経費以外の重要な投資の計画となっていた＝補助対象経費の不一致
・補助事業期間内にすべての投資を実施できる計画にならなかった＝補助事業期間の不一致

## （4）原因分析後のアクション

### ■同じ補助金に再チャレンジする

　次の公募があるか否か、その補助事業期間がいつかということにもよりますが、条件が合うならば、同一の者が再度申請を行うことができます。採択結果が出た後で予算が余っている場合には、ほぼ同じ条件ですぐに追加の公募がありますので、これには再チャレンジしやすいと思います。

　再チャレンジする場合には、不採択となった申請書をベースに、押さえるべき審査ポイントが明瞭に漏れなく記載されていたかという点を検討しながらブラッシュアップすると、効率よく新たな申請書を作成することができます。

### ■別の補助金に再チャレンジする

　類似の目的の補助金に再チャレンジするというアクションもあります。補助金は、国だけでなく都道府県や市区町村、民間団体等でもさまざまなものが公募されています。同じ補助金の次の公募では条件が合わない申請者には、補助金ポータルサイト等を使って目的が同じ補助金を検索して提案するとよいでしょう。

　すでに事業計画を策定していますので、他の形式の申請書もこれをベースに形式を整え、必要事項を加筆することで、要領よく対応することが可能となります。

### ■補助金以外の資金調達を行う

　事業の投資の時期が決まっており次の公募や別の補助金を申請する時間的余裕がない場合や、不採択の結果を受けて経営者が補助金の活用に消極的になっている場合等には、補助金の活用以外の対応がよいでしょう。例えば、計画している事業に着手するため、金融機関等からの融資の準備を行います。融資の申請書の作成にあたっても、すでに策定済みの事業計画を生かすことができます。

# ✔チェックポイント!

■ 採択結果は発表されたらすぐにインターネットで確認し、フォローの準備。

■ ピンチをチャンスに〜不採択のときこそ、丁寧なフォローで信頼を得る。

■ ピンチが大ピンチに〜フォローをなおざりにすると、トラブルに発展。

■ 不採択の場合のアクションでは、すでに策定済みの事業計画を活かす。

# E₄ 他業務への応用

「C　事業計画」で解説した事業計画の策定支援は、補助金の申請書作成だけでなく、会計事務所の他の業務、例えば資金調達の相談や創業の相談等を受けた場面に応用することができます。

ここからは、クライアントの資金調達または創業について、事業計画策定と関連づけてどのような支援をすることができるか検討していきます。また、その際に活用できる可能性のある補助金制度についてもご紹介します。

## （1）資金調達の支援

クライアントが新たな設備投資等を計画しているときや運転資金の補充が必要なときに、会計事務所に相談されることがあると思います。資金調達が希望どおりに進むための支援に取り組むことはクライアントへの付加価値の1つとなります。

### ■資金調達支援業務とは

クライアントの資金調達の支援を行うことを指しています。資金調達の方法にはさまざまな種類がありますが、ここでは金融機関からの融資を想定しています。

≪資金調達業務のイメージ≫

資金調達（金融機関からの融資）の相談を受ける
　　↓
事業計画策定を支援する
　　↓
事業計画に合った借入額や返済スケジュール等を検討する
　　↓
申請に必要な所定の様式の作成を支援する
　　↓
クライアントによる金融機関への融資申請
必要に応じて面談に同席して所見を述べる

■事業計画策定の支援

　金融機関から希望どおりの融資を受けるためには、クライアントのこれまでの業績や借入れについての実績と、その後の元利払いに支障を来さないと期待できる程度の事業計画が必要となります。事業計画については、金融機関によって所定の様式があるかもしれませんが、記載すべき内容は「事業骨格シート」「ストーリーシート」「損益計画」「資金計画」で十分ですので、「Ｃ　事業計画」を参照して策定の支援を行うことができます。

## （２）資金調達支援業務で役立つ補助金

　経営を改善するため、金融機関から融資を受け、またはすでにある金銭消費貸借契約の条件変更を行いたい場合に活用できる補助金制度がありますので、ここでご紹介します。

　この制度は「経営改善計画策定支援事業[2]」といい、これを利用すると、認定支援機関による経営改善計画の策定を含む支援を受けた場合の費用の３分の２が助成されます。つまり、一定の条件を満たした場合、我々の事業計画策定支援業務への報酬に対して補助金が出るという制度です。また、コロナ禍の中小事業者支援策の１つとして、経営改善計画策定補助金よりも簡素化された「早期経営計画策定支援事業[3]」も開始されており、令和４年度及び令和５年度には新型コロナウイルス感染症、ウクライナ情勢または原油価格の高騰等によって影響を受け業況が悪化した事業者について２回目の利用を認める等の改正が行われています。

---

2　https://www.chusho.meti.go.jp/keiei/saisei/05.html
3　https://www.chusho.meti.go.jp/keiei/saisei/04.html

## ■経営改善計画策定支援事業の概要の概要

### 経営改善計画策定支援事業

国が認める税理士などの専門家の支援を受けて本格的な経営改善計画を策定し、金融機関への返済条件等を変更する場合、専門家に対する支払費用の2/3を国が補助する事業です。（通称：405事業）

| DD・計画策定支援 | | | 伴走支援 |
|---|---|---|---|
| 現状や課題を把握する | 今後の計画と実現に向けたアクションプランの検討 | 金融支援を受けて資金繰りの安定を図る | 計画内容に応じた期間、認定支援機関等による伴走支援を実施 |

専門家と計画を策定して、金融機関への返済条件変更等の金融支援を受け、経営改善を目指しましょう！

| 伴走支援の促進1 | 伴走支援の促進2 | 私的整理手続の活用促進 | 経営者保証の解除 |
|---|---|---|---|
| 伴走支援を実施した際に、計画策定支援費用の一部を支払 | 伴走支援支払い申請に有効期限の設定 | 中小企業の事業再生等に関するガイドライン（以下、中小版GL）※に基づいた取組に最大700万円を補助 | 従来の金融支援を織り込んだ計画に加えて、計画完了後に解除を目指すことが可能 |

| 支援枠 | 補助対象経費 | 補助率 | 備考 |
|---|---|---|---|
| 通常枠 | DD・計画策定支援費用<br>伴走支援費用（モニタリング費用）<br>金融機関交渉費用 | 2／3（上限200万）<br>2／3（上限100万）<br>2／3（上限10万） | 金融機関交渉費用は、経営者保証解除を目指した計画を作成し、金融機関交渉を実施する場合に対象。（任意） |
| 中小版GL枠 | DD費用等<br>計画策定支援費用<br>伴走支援費用 | 2／3（上限300万）<br>2／3（上限300万）<br>2／3（上限100万） | 中小版GLに基づいた取組が対象<br>また、その取組の際に必要となる第三者支援専門家の手続に係る費用も補助対象。 |

## ■早期経営計画策定支援事業の概要

## （3）創業の支援

　創業者は、多くの初めての取組みにあたってさまざまな支援を必要としますが、すべての創業者は共通して確定申告が必要となるため、まず相談を求める専門家としては税理士であることが多いと思います。税理士にとっても、創業時から関与してその後クライアントが発展して長い付き合いになることは、1つの理想的な形です。

### ■創業支援業務とは

　会計事務所では、税務相談はもちろんのこと、経理・財務に関するアドバイス、開業に関する届出等といった手続き面に関する支援、さらには事業計画の策定、創業融資、創業時に使用できる補助金の申請支援といった事業遂行に踏み込んだ支援の対応が可能です。

### ●創業支援業務のイメージ

創業の相談を受ける
↓
手続き面に関する支援
　・経理・財務に関するアドバイス
　・開業に関する届出等に関する支援
事業遂行に踏み込んだ支援
　・事業計画の策定支援
　・創業融資の申請支援
　・創業時に使用できる補助金の申請支援
↓
税務相談

### ■事業計画策定の支援

　当初創業者は事業計画策定について支援の必要性を感じていないことも少なくありません。創業者が事業計画自体の必要性を理解していない、事業計画の策定は自分自身でできると自負している、税理士が事業計画策定の支援者として適任者であるとの認識を持っていない等の理由があるかもしれません。

　相談内容が税務相談や手続き面に関することをメインとする創業者に対しては、創業の成功には、外部者の賛同をどれだけ得られるかが重要であり、そのために事業計画策

定が重要であることを丁寧に説明します。また、税理士は多くの他社事例について知見を持ち、特に数値計画策定のプロであることを認識させることで、自然と事業計画についてアドバイスを求めるようになります。

創業時の事業計画策定は、創業者のイメージしている事業のアイディアを整理することが最も重要となります。このとき、「事業骨格シート」「ストーリーシート」が活用できます。ある程度事業の形が見えるところまで進んだら「損益計画」「資金計画」に着手します。

## （4）創業時に利用できる補助金

創業時に利用することができる補助金は多数ありますが、ここでは令和5年度に公募された東京都エリアで創業する場合に活用することができた補助金の一例をご紹介します。

| 地　域 | 東京都 |
|---|---|
| 施　策　名 | 創業助成事業 |
| 概　　要 | 創業初期に必要な経費（賃借料、広告費、従業員人件費等）の一部についての助成 |
| 対　象　者 | 都内での創業を具体的に計画している個人または創業後5年未満の中小企業者等のうち、一定の要件※を満たす方<br>※公益財団法人東京都中小企業振興公社ＴＯＫＹＯ創業ステーション「プランコンサルティング」またはＴＯＫＹＯ創業ステーション　ＴＡＭＡ「プランコンサルティング」による事業計画書策定支援を終了し、過去3か年の期間内にその証明を受けた方等 |
| 支援内容 | 補助率3分の2、上限300万円 |

| 地　域 | 江東区 |
|---|---|
| 施　策　名 | 創業支援事務所等賃料補助金 |
| 概　　要 | 江東区内で創業する方が区内で新たに事務所等を借り上げる場合に、その賃料の一部を補助 |
| 対　象　者 | 初めて補助金の交付を受ける年度において創業した中小企業者 |
| 支援内容 | ①　補助開始月～12か月目<br>【製造業】月額賃料の2分の1以内、上限10万円<br>【製造業以外】月額賃料の4分の1以内、上限5万円 |

| | |
|---|---|
| | ②　13か月目〜24か月目<br>【製造業】月額賃料の2分の1以内、上限5万円<br>【製造業以外】月額賃料の4分の1以内、上限3万円 |

| 地　　域 | 武蔵野市 |
|---|---|
| 施 策 名 | 令和5年度商店会活性出店支援金 |
| 概　　要 | 市内の空き店舗や空き事務所等に出店し、商店会または商工会議所に加入する中小規模事業者等に対し、出店時及び出店後6か月経過時に30万円支給 |
| 対 象 者 | 令和5年4月1日から令和6年3月31日までに、市内の空き店舗または空き事務所を賃借して事業を開始し、対象地域の商店会に加入する中小企業者、小規模企業者、個人事業者または会社以外の法人 |
| 支援内容 | 60万円（30万円×2回） |

| 地　　域 | 台東区 |
|---|---|
| 施 策 名 | 商店街空き店舗活用支援（家賃支援）事業 |
| 概　　要 | 区内近隣型商店街内にある「空き店舗」を借りて事業を始める中小企業者等に対して、家賃の一部を3年間補助 |
| 対 象 者 | 中小企業基本法第2条に定める中小企業者または特定非営利活動促進法第2条第2項に定めるNPO法人 |
| 支援内容 | 補助率2分の1で、上限は下記のとおり。<br>　1年目：月額5万円まで<br>　2年目：月額4万円まで<br>　3年目：月額3万円まで |

| 地　　域 | 杉並区 |
|---|---|
| 施 策 名 | 創業スタートアップ助成事業 |
| 概　　要 | 区内で創業する中小企業者に対して、事務所家賃及びホームページ等作成費用を助成 |
| 対 象 者 | 区内に主たる事業所を有し、かつ、区内で東京信用保証協会の保証対象業種を事業として営む中小企業者 |
| 支援内容 | ①　事務所家賃助成<br>　補助率3分の2、上限30万円 |

| | ② ホームページ等作成助成 |
| --- | --- |
| | 補助率３分の２、上限20万円 |

| 地　　域 | 羽村市 |
| --- | --- |
| 施 策 名 | 企業誘致促進制度 |
| 概　　要 | ・企業誘致奨励金：令和６年３月31日までの間に新規創業、転入により市内の指定地域において新たに操業を始めた事業所に対し、固定資産税・都市計画税相当額を３年間奨励金として交付<br>・雇用促進奨励金：事業所開設時に市民を新たに常用雇用者として雇用した場合、もしくは事業所開設時に常用雇用者が新たに市民となった場合、雇用した市民一人につき５万円を交付<br>・企業誘致協力奨励金：奨励企業に用地や建物を譲渡・貸し出した方にも固定資産税・都市計画税相当額を１年間交付 |
| 対 象 者 | 指定地域に事業所を新たに設置する企業<br>奨励企業に、指定地域（工業専用地域を除く）内の事業地域や事業用建物を譲渡または賃貸する者 |
| 支援内容 | 企業誘致奨励金：上限１億円<br>雇用促進奨励金：上限100万円<br>企業誘致協力奨励金：上限3,000万円 |

## ✔ チェックポイント!

■ 事業計画の策定支援ができれば、「資金調達」の支援もできる。

■ 一定の資金調達支援業務では「経営改善計画策定補助金」の利用が可能。

■ 事業計画の策定支援ができれば、「創業」の支援もできる。

■ 創業の肝は事業計画の策定にあり。

■ 創業時の補助金は多数。「ミラサポplus」等で目的、エリアを絞って検索。

# E5 会計事務所の差別化への提言

　経済産業省公表データ[4]によれば、税理士の主要ターゲット層である中小企業・小規模事業者の数は、2009年に420万者でしたが2012年までの3年間で35万者減少し385.3万者となり、その後2016年までの4年間で約28万者減少し357.8万者となりました。減少のペースは緩やかとなっているもののその総数は減少傾向です。

　一方、税理士の登録者数は年々増加傾向にあり、2012年には73,725名、2014年には75,146名、2023年8月末には80,856名となっています（日本税理士会連合会調べ）。

　つまり、税理士1人あたりの中小企業・小規模事業者の数は減少しており、今後この業界内で生き残るためには従来同様の業務をこなすだけでは不十分であり、何らかの競争力を高める工夫が求められます。

## （1）補助金支援業務の取組み実施による差別化

　現在、会計事務所に対して補助金支援に関するニーズはあるものの、補助金支援業務に取り組んでいる会計事務所はまだまだ少なく、サービス供給が追いついていません。その結果として、補助金専門業者が活躍しているという現状があります。このため、今からの補助金支援業務の取組みは会計事務所としての差別化につながるものです。

### ■補助金支援業務のニーズ

　さまざまな中小企業向け補助金制度のある昨今、中小企業の経営者にとって補助金は関心の高いテーマです。実際に補助金を活用してみようと思ったとき、経営者は誰に相談するでしょうか？　会社に関するお金のことですので、まずは顧問税理士に相談するという方が多いのではないでしょうか。顧問税理士が認定支援機関であるならば、なおさらのことと思います。中小企業にとって補助金を利用しようとした場合、申請やその他手続き等において難所が多く、補助金の提案や支援を必要としている中小企業は少なくありません。

### ■補助金支援業務の営業効果

　補助金支援業務はニーズが高いだけに、通常の顧問契約の営業よりも比較的容易にクライアントを集めることが可能です。補助金の申請支援後に、その結果が採択であっても不採択であっても、適切なフォローをすることにより、次の新たな業務や顧問契約に

---

4 http://www.chusho.meti.go.jp/koukai/chousa/chu_kigyocnt/2018/181130chukigyocnt.html

つなげることが可能となります。つまり会計事務所にとって、補助金支援業務は「フロントエンド商品」であると位置づけることができます。

**■補助金支援業務の取組み実施による会計事務所の発展イメージ**

　補助金支援を行う際には、まずはクライアントと事業展開について、テーマや期日を定めて真剣に向かい合うことから始まります。次に事業計画の策定支援を通じて、事業についての分析や助言を行います。この過程で、クライアントとの信頼関係は確実に強化されていくことでしょう。無事に補助金が採択されれば補助金の成功報酬がありますし、補助金の対応ができる会計事務所という実績と自信がついていきます。そして徐々に、記帳代行や税務申告業務の提供以上のコンサルティング力を強みとした会計事務所に成長していくことと思います。

●補助金支援業務の取組み実施による会計事務所の発展イメージ

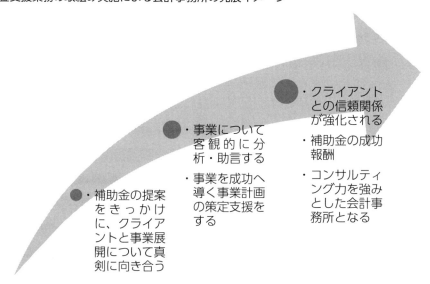

## （２）会計事務所としての補助金支援業務に対するスタンス

　補助金支援業務を、支援する相手がクライアントか否か、ニーズが顕在化しているのか否かで４つに分類したものが次の図です。

●補助金支援業務の分類

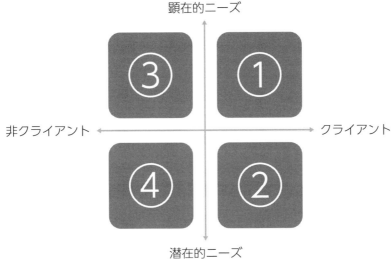

顕在的ニーズ

③　①

非クライアント ← → クライアント

④　②

潜在的ニーズ

■①クライアント×顕在的ニーズ

　これは、クライアントが「○○補助金の申請をしたいのですが。」と支援を求めてきたパターンです。この場合には、せっかく本書を手に取っていただいた皆様には、是非補助金支援に取り組んでいただきたいと思います。

■②クライアント×潜在的ニーズ

　これは、クライアントが例えば新しい機械装置を導入する際に、こちらから「○○補助金が使えると思いますよ。」と提案するパターンです。クライアントにとっては、付加価値の高い情報提供ということになります。提案した補助金が採択されれば、会計事務所に対する信頼度はさらに増すことと思います。不採択のリスクもありますので、申請支援業務にはあえて手を出さないという経営方針もあろうかと思いますが、少なくとも情報提供までは積極的に行うべきでしょう。

■③非クライアント×顕在的ニーズ

　これは、クライアントではないところから、「○○補助金の申請をしたいのですが。」と支援を求められたパターンです。例えば、クライアントからの紹介の場合や、認定支援機関であることをHP等で公表しているために飛び込みの方の依頼を受けた場合等です。実は、このパターンは会計事務所にとって最もチャンスであるといえます。なぜなら、支援業務を通じて、新たなクライアントになる可能性が期待でき、また既存のクライアントからの紹介であれば紹介者からの信頼もより強固なものにできるからです。

これは、クライアントでないところへ、「○○補助金が使えると思いますよ。」と提案するパターンです。これはいわゆる補助金専門業者です。通常は会計事務所には向かないパターンだと思いますが、例えば対象事業を絞って会計・税務に関するコンテンツと組み合わせたセミナーを実施すること等は新たなクライアント獲得への取組みとして有効ではないでしょうか。

## （3）中小企業の夢に向かって

普段の会計事務所業務は、税理士という専門家としての立場で、専門的な知識を用いて行うものです。経営者と話すときも、税理士の視点でのコメントをすると思いますし、当然それを求められているわけです。

しかし、補助金を考えるときには、まずは事業計画について考えますので、いったん経営者と同じ視点での検討を行うことになります。そうすると、今まで見えていなかった会社の課題や今後の可能性に気づくことができるようになります。そして事業計画策定の過程で、その会社あるいは経営者の夢を尋ね、語り合います。普段の業務の中ではなかなか行わないアプローチですので、思いがけず経営者の熱い思いや意外な一面を垣間見ることもあり、特別な面白さがあります。そして、専門家の知識と経営者の視点を同時に持つようになれば、より経営者に信頼され、さらに高次元のアドバイスが可能になっていきます。

補助金支援業務は、その夢の実現のための第一歩となる仕事ですので、大きなやりがいを感じることができます。さらに、補助金をきっかけに会社の取組みの流れが変わり、夢が現実のものとなったとき、自身の貢献を実感することができ、企業の軍師冥利に尽きると思います。

## ✔チェックポイント！

■ 補助金支援は、会計事務所の差別化要因の１つ。

■ 会計事務所にとって、補助金支援業務はフロントエンド商品。

■ 真剣に補助金支援に取り組むことで、クライアントとの信頼関係の構築、成功報酬、コンサルティング力の向上が期待できる。

■ 会計事務所の経営方針として、補助金支援業務のスタンスを決めておく。

■ 補助金支援業務は、クライアントの夢の実現の第一歩となる仕事。

## 著者プロフィール

水谷　翠
公認会計士・税理士
銀座スフィア税理士法人 代表社員

　「親切な対応、丁寧な仕事、役に立つアドバイスで、中小企業の夢を応援します！」を掲げ、税務相談に留まらない会計事務所の意義を模索しながら、補助金申請、事業計画策定、資金調達、創業、経理効率化等の相談・支援にも積極的に取り組む。

　平成24年度補正創業補助金東京都事務局に約6か月間在籍し、その経験を活かして中小企業の補助金申請支援を行うとともに、申請支援を行う税理士、社会保険労務士、商工会等向け研修の講師として活躍。

---------------------------------------------------------------

（略歴）
2003年　慶應義塾大学商学部卒業
2004〜2013年　個人会計事務所で中小企業から上場企業までの会計税務支援業務のほか、創業、組織再編、事業再生、不動産証券化、監査等多岐にわたる業務に従事
2013年　水谷翠会計事務所開業
同　年　創業補助金東京都事務局に6か月間在籍
2015年　女性士業の会assemble+（アセンブル・プラス）の発足メンバーとして女性起業家向けセミナー等の活動に従事
2019年　銀座スフィア税理士法人設立

## サービス・インフォメーション

―― 通話無料 ――

① 商品に関するご照会・お申込みのご依頼
　　　　　　TEL 0120（203）694／FAX 0120（302）640
② ご住所・ご名義等各種変更のご連絡
　　　　　　TEL 0120（203）696／FAX 0120（202）974
③ 請求・お支払いに関するご照会・ご要望
　　　　　　TEL 0120（203）695／FAX 0120（202）973

● フリーダイヤル（TEL）の受付時間は、土・日・祝日を除く
　9：00〜17：30です。
● FAXは24時間受け付けておりますので、あわせてご利用ください。

第4版　税理士のための "中小企業の補助金" 申請支援マニュアル
──採択率を上げる申請書・事業計画の作成支援から、
　　アフターフォローまで

2024年1月5日　初版発行

著　者　銀座スフィア税理士法人　水谷　翠
発行者　田　中　英　弥
発行所　第一法規株式会社
　　　　〒107-8560　東京都港区南青山2-11-17
　　　　ホームページ　https://www.daiichihoki.co.jp/
装　丁　篠　　隆　二

税補助金申請4　ISBN 978-4-474-09306-5　C2034（2）